„Wir zeigen Ihnen,
wie Sie immer und überall
mit Spass und Niveau
neue Geschäftspartner
kennenlernen."

DICH
KRIEG ICH
AUCH NOCH!

PROFESSIONELLES KONTAKTMANAGEMENT
FÜR MLM UND VERTRIEB

www.rekrutier.de

Rekru-Tier

„Dich krieg ich auch noch ... früher oder später!"

Rainer von Massenbach – REKRU-TIER

RAINER GEMMINGEN FREIHERR VON MASSENBACH

Als Spross einer Adelsfamilie schien für mich der klassische, geebnete Weg der Richtige zu sein. Doch eine Banklehre, Studium und der spätere Job als Anwalt, Steuerberater oder strategischer Unternehmensberater kamen für mich nicht in Frage.

Schon kurz nach dem Abitur durchkreuzte das „Abenteuer Strukturvertrieb" die Pläne meiner traditionell denkenden Familie.
Auf außergewöhnliche, aber sehr direkte Art und Weise wurde ich von meinem Freund und Mentor Tobias Schlosser für eine Karriere im Finanzdienstleistungsbereich rekrutiert.

Von den Möglichkeiten hoch motiviert und von meinem ausgeprägten Unternehmergeist beflügelt, gelangen mir in sehr jungen Jahren phantastische Erfolge im Karrieresystem meines Finanzvertriebs.

Durch meine unkonventionelle Art und Weise, immer und überall mit Menschen in Kontakt zu treten und diese Eigenschaft zu multiplizieren, wuchs meine Vertriebsmannschaft stetig und kontinuierlich an.

Aus der Motivation, meine Erfahrungen und das damit erlangte Expertenwissen aus dieser Zeit auch für andere Vertriebsmitarbeiter und Unternehmer unterschiedlicher Branchen nutzbar zu machen, entstand die Idee für REKRU-TIER.

Hier bin ich Spezialist für außergewöhnliche Denkansätze, Networking im weiteren Sinne und Kommunikationsprofi aus Leidenschaft.

Diese Leidenschaft wünsche ich Ihnen bei allen Aufgaben im Leben.

Ihr Rainer von Massenbach

Bibliografische Information der Deutschen Nationalbibliothek. Die Deutsche Nationalbibliothek verzeichnet diese Publikation in der Deutschen Nationalbibliografie; detaillierte
bibliografische Daten sind im Internet über
http://dnb.d-nb.de abrufbar.

ISBN 978-3-941412-08-8

Impressum:

Verlag: REKRU-TIER GmbH
Munich
Germany

www.rekrutier.de

Autoren: Alexander Riedl, Rainer von Massenbach, Tobias Schlosser

Gestaltung: www.phuongherzer.de

INDEX

Vorwort von Tobias Schlosser

Sicherlich kennen Sie all diese Geschichten, in denen die Rede von Lehrern und Schülern ist. Einige von Ihnen kennen vielleicht auch Geschichten, in denen es die Schüler zu gebührlicher Klasse gebracht haben und sogar besser wurden als ihre Lehrer.

Die schönsten Storys sind jedoch die, in denen ehemalige Mentoren von Ihren Schülern lernen, das ist mit Sicherheit die Krönung. Aber genau das ist mir widerfahren, und ich lerne noch jeden Tag. Und zwar von Rainer von Massenbach.

Zwei Dinge, oder besser gesagt, Voraussetzungen sind dafür absolut notwendig. Zum Ersten ein absolut lernbereiter Mentor und zum Zweiten ein Schüler mit einzigartigen bzw. außergewöhnlichen Fähigkeiten. Beide Voraussetzungen waren, oder besser gesagt sind, in meinem bzw. unserem Falle vorhanden.

Die Rede ist an dieser Stelle von zwei jungen Männern. Der eine, der auszog, um als Strukturvertriebsmitarbeiter eines Finanzdienstleisters in Bayern sein Glück zu versuchen, und der andere, der schon als 19-jähriger Schüler vom Gedanken beseelt war, sich als Unternehmer einen Namen zu machen und Großes in dieser Welt zu bewegen.

Schon kurz nach meiner Ankunft in Bayern hatte ich die Gelegenheit, die Bekanntschaft eines jungen Mannes, heute Autor dieses Buches, zu machen, der sich in der darauf folgenden Zeit von 5 Jahren zum Vollblutunternehmer entwickeln sollte.

Hochmotiviert und fasziniert von den hohen Verdienstmöglichkeiten und der beruflichen Perspektive als Führungskraft und selbständiger Unternehmer, startete Rainer von Massenbach, nachdem ich ihn rekrutiert hatte, mehr schlecht als recht seine berufliche Laufbahn im Multilevelmarketing.

Seine Startbedingungen waren alles andere als optimal, denn mit 19 Jahren entsprach er nicht gerade dem definierten Leitbild eines perfekten Geschäftspartners für den Finanzstrukturvertrieb.

Er hatte wenige private und gar keine geschäftlichen Kontakte, ein unterdurchschnittliches Selbstbewusstsein und fehlendes Know-How für unsere Branche. Aber es gab eine Sache, die hatte er, wie kaum ein anderer... er war drauf wie ein Messer. Ein Mensch, der nicht wusste, was und wie er etwas tat, aber sehr wohl warum!

Unter uns gesagt, waren solche Kandidaten für mich persönlich schon immer die optimalen Geschäftspartner, denn ich habe gelernt, solche Menschen zu formen, ihnen den Weg zu weisen und sie so zu „backen", wie ich es wollte.

Ich weiß sehr wohl, dass es heute nur noch wenige Coaches gibt, die sich die Mühe machen, solch eine Entwicklungsarbeit in Angriff zu nehmen, denn wir leben in einer Zeit, in der jeder im Vertrieb oder MLM den „Mister Perfect" sucht, der schon topausgebildet startet und natürlich sofort schon erste Kunden und Geschäftspartner mitbringt.

Also nur noch mal kurz zur Info - in unserem Falle war das anders! Meine Aufgabe als Führungskraft war es nun, dieses kleine Pflänzchen zu gießen, zu düngen, mit genügend Licht zu versorgen und mit Rat und Tat bei der persönlichen Entwicklung in diesem System zur Seite zu stehen. Bedingt durch meinen eigenen geschäftlichen Erfolg hatte ich natürlich auch vieles weiterzugeben, und dazu gehörten vor allem die klassischen Tugenden, die einen Vertriebsmann auszeichnen. Ich selbst war ein Produkt der „alten Schule", wurde perfekt eingearbeitet, war loyal, fleissig, gewohnt hart und viel zu arbeiten, einmal mehr aufzustehen, als ich hingefallen war. Und genau diese Dinge gab ich als Basiswissen an Rainer von Massenbach weiter. Wir sprachen unendlich oft über die Themen „positive Einstellung", „Begeisterung", „Umgang mit Ablehnung bzw. mit dem NEIN" und über Dutzende von Faktoren, die notwendig waren, um erfolgreich zu werden.

Schon im ersten Jahr nach seinem Start konnte Rainer von Massenbach durchaus beachtliche Ergebnisse mit seinem selbst aufgebauten Team erzielen, und ich durfte an einer sagenhaften Entwicklung teilhaben. Aber ich musste während dieses Prozesses auch erkennen, dass er total anders war als ich selbst. Er hatte eine ganz andere Art, mit Menschen umzugehen, seine Meinung durchzusetzen, und auch eine andere Vorstellung zur Führung von Geschäftspartnern.

Ich hatte die Angewohnheit alle Menschen so machen zu wollen, wie ich selbst war. Er hatte die Angewohnheit alle so zu lassen, wie sie waren.

Ich erklärte ihm, das man selbst viel arbeiten müsse, um Erfolg zu haben. Er erklärte mir, dass man mit eigener Arbeit nicht reich werden könne.

Ich hatte die Angewohnheit, die Dinge möglichst selbst zu erledigen, er hatte immer das Ziel möglichst wenig selbst zu tun und möglichst viel an andere zu delegieren.

Ich war es gewohnt, meine Meinung kundzutun und durchzusetzen, er half seinen Partnern und Mitarbeitern eigene Meinungen zu entwickeln und diese zu verfolgen.

Ich war ein absoluter Chaot, nicht in der Lage, mich selbst zu organisieren oder nach System zu arbeiten, er war sehr gut organisiert und in der Lage strukturiert vorzugehen.

Das Allerwichtigste und in Bezug auf dieses Buch Entscheidende war jedoch seine Fähigkeit, perfekt mit den sogenannten neuen Medien zu arbeiten und den Geist des Informationszeitalters für sich und die Verwirklichung seiner Ziele zu nutzen. Er war in der Lage, immer und überall via Lap-Top, WLAN, Email, Handy oder Skype zu kommunizieren und war sich darüberhinaus der Wichtigkeit von Kontaktnetzwerken, Communities, Selbstmarketing und Eigenbranding stets bewusst.

Ich dagegen hatte mich bis dahin mit diesen Trends noch gar nicht beschäftigt, ja ich wusste gar nicht, dass es so etwas gibt.

Im übrigen ein fataler Fehler, der beinahe mein „Aussterben" verursacht hätte! Ein ganz besonderes Talent und eine ausserordentliche Akribie entwickelte Rainer beim Aufbau seines persönlichen Kontaktnetzwerkes. Darin wurde jeder Kontakt, ob wichtig oder nicht, grundsätzlich erst einmal vorbehaltlos gespeichert, mit Zusatzinfos wie Telefonnummer, Geburtstag, Hobbys, Beruf etc. versehen, kategorisiert und archiviert.

Diese Tätigkeit erschien mir für mich persönlich immer viel zu zeitaufwändig denn ich war mir nie bewusst, welch unschätzbaren Wert gut gepflegte Kontaktnetzwerke in der Zukunft haben sollten. Mir war einfach der Sinn nicht klar und ich sah keinen Nutzen darin.

Ich hatte bis dato schon Hunderte von Namen, Telefonnummern, Visitenkarten oder auch Email-Adressen einfach weggeschmissen oder lediglich in Schuhkartons abgelegt, weil kein sofortiger Benefit aus diesen Kontakten für mich erkennbar war. Nach nur wenigen Tagen hatte ich die Menschen, mit denen ich über mein Geschäft (Produkt oder Karriere) gesprochen hatte, schon wieder vergessen. Heute bin ich mir absolut darüber bewusst, dass ich mit diesem Verhalten Hunderttausende von Euros vernichtet hatte. Ich war nur Jäger und kein Pfleger, weil ich vom Kuchen immer nur ein Stück probiert habe, anstatt ihn ganz zu verspeisen, weil ich gearbeitet habe wie ein sogenannter „Durchlauferhitzer", und weil das, was ich vorn drauf geschaufelt hatte sofort wieder hinten runtergefallen ist. Physikalisch und ökonomisch gesehen lag mein Wirkungsgrad bei zirka zehn Prozent. Ein Wunder, dass ich trotzdem recht erfolgreich wurde ...

Das ganze Gegenteil von mir war Rainer von Massenbach. Er vertraute wie ich auch dem „Gesetz der großen Zahl" und wusste schon immer intuitiv, dass jeder Mensch und jeder Kontakt zählt, aber er wusste auch - und das war der Unterschied zu mir - dass es nicht nur um die Anzahl der Kontakte geht, sondern auch um deren Qualität und vor allem Pflege. Für die Entwicklung dieses Bewusstseins, das erfuhr ich allerdings auch erst später, gab es in seinem Dasein als Jungunternehmer eine wichtige Schlüsselsituation, doch dazu im Folgenden mehr.

Das Beste an seiner Art, die verschiedensten Kontakte zu organisieren, war stets seine Einstellung, dass sich die Qualität der Kontakte und die Stabilität von guten Beziehungen auch aufbauen und verbessern lässt. Er erklärte mir seine Sicht der Dinge und machte mich mit dem Gedanken des „Networkings" vertraut. Seine Philosophie war schon immer, dass sich Zeit, Ort, Menschen und Umstände verändern und damit die Karten für geschäftliche Aktivitäten, Möglichkeiten, Chancen und Deals jeden Tag neu gemischt werden. So entstand auch übrigens seine Lebenseinstellung: „Dich krieg ich auch noch!", will heissen, wenn nicht heute dann morgen, wenn nicht für dieses Geschäft, dann für ein anderes, und wenn nicht mit dir, dann vielleicht mit jemandem, den du kennst.

Wer genug Eisen im Feuer hat, muss sich nicht um Einzelne sorgen, geht locker und leichtfüßig an seine Arbeit, verkrampft nicht und muss keinen Druck aufbauen, um andere von sich und seiner Sache zu überzeugen.

Der zweite Punkt war der, dass sich über das Prinzip der „langen Leine" und der drucklosen, etwas unterschwelligeren und sanfteren Art des Beziehungsmanagements mittelfristig Beziehungen bei ihm entwickeln, die einen viel höheren Stellenwert und besseren „Tiefgang" hatten, als meine kurzfristigen und oberflächlichen Bekanntschaften.

Langer Rede, kurzer Sinn. Ich habe in Bezug auf mein Kontaktmanagement und auf den Umgang mit Kontakten das Erfolgssystem von Rainer von Massenbach 1:1 übernommen. Ich habe zwar noch einiges nachzuholen, aber ich wollte kein Dinosaurier sein, der die Zeichen der Zeit ignoriert, nicht fähig ist, sich anzupassen und damit sein eigenes Ende selbst provoziert.

Auch in meiner Datenbank tummeln sich mittlerweile mehrere tausend Kontakte der unterschiedlichsten Kategorien, die ich nach einem bestimmten System manage und verwalte. Des Weiteren habe ich es gelernt, gut informiert zu sein, und mir angewöhnt, mehr über meine Bekanntschaften zu wissen als sie selbst. Das Beste ist allerdings, dass ich ein ganz anderes Feeling im Umgang mit Menschen gewonnen habe. Der Unterschied zu früher ist folgender: Ich weiß, wenn ich euch heute nichts verkaufen kann, dann möglicherweise morgen, wenn ich Sie heute nicht als Partner gewinnen kann, dann vielleicht ein andermal, wenn heute der Zeitpunkt ungünstig ist, dann passt es vielleicht beim nächsten Mal besser, und wenn es menschlich etwas „hakt", dann kenne ich bestimmt jemanden, mit dem es besser harmoniert ...

Und die Moral von der Geschichte: Hören Sie auf, zu verkaufen, und fangen Sie an, Beziehungen aufzubauen! Kümmern Sie sich um den Aufbau eines persönlichen Kontaktnetzwerkes, egal von welcher Stelle aus Sie gerade starten! Managen Sie dieses Netzwerk!

Wenn Sie den langen Atem haben und sich zu einem guten Beziehungsmanager und Networker entwickeln, bekommen Sie früher oder später sowieso jeden, den Sie wollen! Sie müssen nur warten, bis der Zeitpunkt dafür reif ist und im richtigen Moment zur Stelle sein. Dieses Buch wird Ihnen die Augen dafür öffnen und bewährte Basisstrategien für professionelles Kontaktmanagement an die Hand geben.

Ihr Tobias Schlosser

Einleitung

Kontakte spielten für mich schon immer eine wahnsinnig große Rolle. In der Schule war es zum Beispiel so, dass ich der schüchterne und zurückhaltende Mensch war. Zudem hatte ich auch nicht viele Freunde, beziehungsweise kein großes Kontaktnetzwerk. Ich hatte jedoch damals schon die Leute bewundert, die beliebt waren, die jeder kannte und die sehr viele Connections hatten. Ich fand es früher schon immer faszinierend, wenn Gruppen oder Gangs meine Klassenmitglieder nach der Schule abgeholt haben. Für mich war es das größte Ziel, auch mal so viele Kontakte zu haben. Toll fand ich auch, wenn mir Leute von ihren Freunden und Kontakten erzählten oder berichteten, welche Prominente oder deren Kinder bei ihnen im Freundeskreis waren.

Es war gigantisch, wenn ich mal was gebraucht habe, zum Beispiel ein neues Handy, und einen Klassenkameraden von mir darauf ansprach und dieser sagte *„Kein Problem, da muss ich nur XY anrufen, der kann da weiterhelfen."*
Mein Ziel war es, auch einmal so ein großes Kontaktnetzwerk zu haben, bzw. auch einmal so viele Menschen zu kennen.

Im letzten Sommer, bevor ich mein Fachabitur machte, absolvierte ich noch ein Praktikum bei einem öffentlichen Amt in München. Im Zuge dessen war ich viel unterwegs, da ich Ausweise von einer zur anderen Behörde transportieren musste. Während eines solchen Dienstganges spazierte ich die Münchner Fußgängerzone entlang. Auf einmal kam mir jemand entgegen, und aufgrund seiner markanten Gesichtszüge schaute ich diesen Menschen vielleicht etwas länger an, als es für einen normalen Blickkontakt üblich gewesen wäre. In dem Moment nutzte er die Situation und sprach mich an. Im tiefsten Ostdeutsch schallte mir *„Tschuldigung, kennen wir uns?"* entgegen, was ich mit *„Nein"* erwiderte. Geschickt begann er herauszufinden, wer ich bin und was ich denn beruflich mache. Darauf stellte er sich mir als Tobias Schlosser vor und bot mir einen Nebenjob im Finanzbereich an. Skeptisch war ich auf jeden Fall: Ein Ossi in Bayern, der mich auf der Straße auf eine nebenberufliche Geschäftsidee anspricht und noch dazu für eine Versicherung ...

Aber nichtsdestotrotz:
Ich war interessiert und auf der Suche nach einer Möglichkeit Geld zu verdienen. So rief ich ihn einige Tage später an und vereinbarte einen Termin in seinem Büro.

Voller Erwartung ging ich zu diesem Treffen. Hier erklärte er mir zuerst, dass ich für eine Ausbildungsphase erst einmal 10 Versicherungen verkaufen müsse. Danach hätte ich das Recht, mir selbst Leute einzustellen an denen ich Geld verdiene. Auf selbstständiger Basis gäbe es schon 2000 Euro und mehr nach dem ersten Monat zu verdienen. Damals wusste ich noch nicht, dass solche Vertriebssysteme auch einen Namen haben:

„Network Marketing, Multilevel-Marketing oder auch kurz MLM."

Da dieses System des Strukturvertriebs mein Ursprung und die Wurzel meines Erfolges sind, ist dieses Buch auf all jene zugeschnitten, die in solchen Systemen arbeiten.

Ich selbst liebe den Vertrieb, und ich liebe es zu verkaufen. Und ich bin mir sicher, dass dieses Buch auch für alle anderen geeignet ist, deren Aufgabe darin besteht, Menschen für ihr Produkt oder ihre Vision zu begeistern.
Ob Direktvertrieb, klassischer Verkauf oder im MLM: In einer aufgeklärten Welt mit aufgeklärten Kunden wird es immer wichtiger, Menschen langfristig für sich zu gewinnen, anstatt auf einen schnellen Abschluss zu drängen.

Schnellen Erfolg können Sie einfach durch Arbeit haben, langfristigen Erfolg dagegen erreichen Sie nur durch eine Kombination aus Arbeit und Intelligenz.

Bevor wir nun zum eigentlichen Thema kommen, möchte ich zum Verständnis der Branchenfremden meine Herkunftsbranche etwas genauer beschreiben.

Network Marketing

Dieses Buch ist als Arbeitshandbuch für Menschen geschrieben, die in solchen Systemen arbeiten.

Allerdings sehe ich die MLM-Branche in gewissen Bereichen als Vorbild für einen klassischen Unternehmer. Wenn Sie sich gewisse Vertriebsideen und Modelle von diesen Systemen abschauen, kann ich Ihnen versichern, dass Sie Ihren Absatz verdoppeln oder sogar vervielfachen können.
Daher meine Empfehlung: Selbst wenn Sie nicht in einem Network-System arbeiten, können Sie meine Techniken optimal einsetzen, um Erfolge im Absatz Ihrer Produkte oder Dienstleistungen zu erzielen.

Der Einfachheit halber möchte ich für diejenigen, für die das Wort „Network-Marketing" ein Fremdwort ist, das Ganze übersetzen bzw. definieren.

Im klassischen Einzelhandel sucht sich der Hersteller eines Produktes einen Großhändler. Dieser Großhändler liefert das Produkt an den Einzelhändler, der es wiederum in seinem Laden oder an seinen Ständen dem Endkunden präsentiert und diesem zum Kauf anbietet. Zudem wird noch in den meisten Fällen durch den Hersteller Marketing betrieben und viel Geld in die Werbung gesteckt, um den Endkunden auf sein Produkt aufmerksam zu machen, sodass jener den Einzelhandel aufsucht, um es zu erwerben. Man muss bedenken, wie groß der Anteil des Gewinnes ist, den allein der Einzelhändler haben will. Dieser hat schließlich große Kosten zu tragen (Ladenlokal, Angestellte dafür, Lagerplatz und das Risiko, dass das Produkt nicht schnell genug verkauft wird). Hinzu kommen Kosten für die Werbung. Deshalb bleibt auch bei noch so genialen Produkten meistens ein nicht allzu großer Gewinn beim Hersteller hängen.

Daher bedienen sich immer mehr Produktgeber eines MLM-Systems. Hierzu stellt sich der Hersteller direkt selbständige Händler ein.

Ein Beispiel:

Ein Mitarbeiter auf Ebene 5 verkauft erfolgreich ein Produkt für 100 Euro. Wie teilt sich das innerhalb einer MLM-Struktur auf?

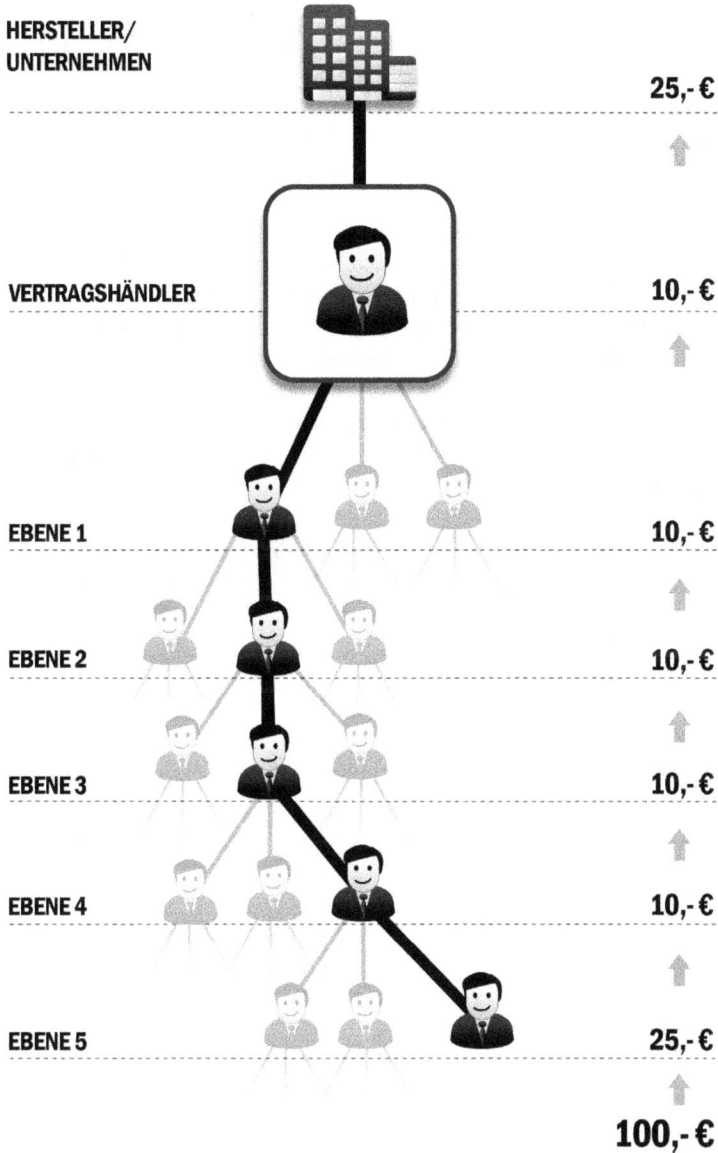

HERSTELLER/ UNTERNEHMEN	**25,- €**
VERTRAGSHÄNDLER	**10,- €**
EBENE 1	**10,- €**
EBENE 2	**10,- €**
EBENE 3	**10,- €**
EBENE 4	**10,- €**
EBENE 5	**25,- €**
	100,- €

Dieser Händler bekommt eine attraktive Provision, was ihn ermutigen soll, täglich loszuziehen und so viele Produkte wie möglich zu verkaufen. Denn je mehr er verkauft, desto mehr Provision verdient er. Um das noch attraktiver für ihn zu gestalten, bekommt er die Möglichkeit, sich jeweils Unterhändler einzustellen. Er ist dafür zuständig, die Unterhändler auszubilden. Dafür bekommt er pro verkauftem Produkt auch eine kleine Beteiligung. Hier entsteht eine „Win-Win-Situation", denn beide ziehen ihren Vorteil.

Der Unterhändler profitiert von dem Wissen seines so genannten Sponsors, denn der Sponsor will ja, dass der Unterhändler einen möglichst guten Umsatz macht. Je mehr Umsatz der Unterhändler macht, desto mehr verdient auch der Sponsor. Dieses Ganze multipliziert sich nun auf mehrere Ebenen.

Das Geniale an einem solchen System ist, dass jeder die Möglichkeit hat, sich eine „große Firma" aufzubauen, an der er ein Leben lang partizipiert.

Das ist der Gedanke vom passiven Einkommen: Auch wenn ich nicht mehr arbeiten muss, bekomme ich noch Geld für meine früher geleistete Arbeit. Der Vorteil ist, dass es für den Erfolg immer auf den Einzelnen ankommt. Fleiß, Wille, Ausdauer sind hier die entscheidenden Faktoren für den Erfolg.

Darstellungsbeispiel für MLM-Struktur

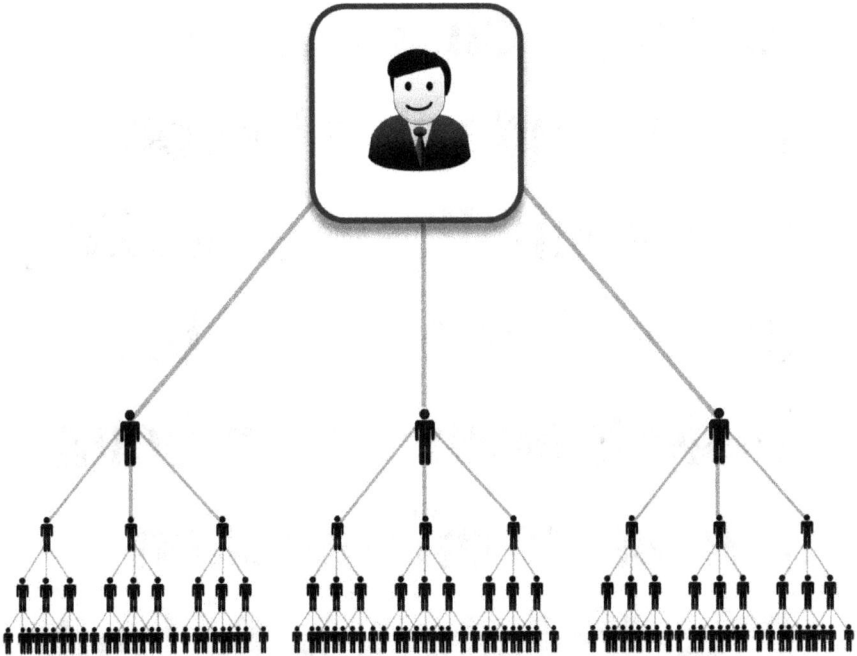

„Ich habe JEDEN angesprochen, wirklich jeden! Jede sich bietende Gelegenheit, sei es im Zug, in Geschäften, nachts in Diskotheken, selbst beim Pinkeln in öffentlichen Pissoirs habe ich die Leute angesprochen."

1. Der arrogante Kontakter

Da mein Kontaktnetzwerk, wie bereits beschrieben, sehr klein war, hatte ich nicht die optimalen Voraussetzungen, um in einem MLM-System erfolgreich zu werden. Noch dazu in einem, wo Versicherungen verkauft werden. Hier war es besonders wichtig, Menschen zu finden, die schon Geld verdienen, um eine Altersvorsorge oder eine Berufsunfähigkeitsversicherung abschließen zu können.

Irgendwie habe ich mich über mehrere Monate hinweg durch die erste Verkaufsphase geschlagen (Ich hatte dann doch noch ein paar Bekannte und Verwandte achten Grades gefunden, die mir etwas abgekauft haben).

Ab diesem Zeitpunkt ging es darum, neue Mitarbeiter einzustellen. Einen Bekannten konnte ich rekrutieren und einstellen, aber dann war meine Namensliste definitiv erschöpft. Also sagte ich eines Abends zu Tobias Schlosser, als wir in einer Münchner Bank standen und ich in der Vorhalle nach Schalterschluss einen Kontoauszug holte:
„Sag mal, wie komme ich denn jetzt an geeignete Mitarbeiter?"
Kaum hatte ich meine Frage zu Ende gesprochen, drehte er sich zu der Dame neben uns, die auch gerade einen Kontoauszug holte und sagte. *„Tschuldigen Sie bitte, mein Kollege hat eine Frage".* (Kurz zur Erklärung: Ich war 19 Jahre alt, extrem schüchtern, hatte sowieso schon Schwierigkeiten, mit Menschen zu kommunizieren, und die Dame, um die es hier ging, war der Traum eines jeden jungen Mannes). Noch während er seinen Satz zu Ende formulierte, schubste er mich zu der Dame hin und verließ die Bank.

Ich war der Situation hoffnungslos ausgeliefert. Im Nachhinein kann ich auch nicht mehr sagen, was ich der Dame genau erklärt habe bzw. was ich ihr vorgestottert habe. Fakt ist, dass ich aus der Bank heraus auf den Tobias Schlosser zuging, um ihn für sein Verhalten zur Rechenschaft zu ziehen. Bevor ich überhaupt ein Wort aussprechen konnte, kreuzte ein Obdachloser unseren Weg und Tobias sprach ihn wieder mit den Worten an: *„Bitte nur kurz, aber ein Kollege würde gerne etwas von Ihnen wissen."*

Nach derselben Prozedur (also Tobias sprach Leute stets an mit dem Satz *„Mein Kollege hat eine Frage an Sie"*) kontaktierten wir am gleichen Tag noch etwa zehn weitere Menschen.

Auf diese Art und Weise lernte ich meine Schüchternheit zu überwinden und Menschen anzusprechen. Ich wurde an Leute vor der Uni ran geschubst, an Mütter mit Kinderwägen, selbst an Menschen, die gerade vorbei joggten, und auch Leute, die aus einem Ferrari ausstiegen. So wurden alle von mir bzw. von Tobias angesprochen.

Sicher können Sie sich jetzt vorstellen, dass Sie so definitiv Ihre Hemmschwelle abbauen, wenn Sie das ein halbes Jahr lang jeden Tag machen.

Nach einem Jahr bezeichnete ich mich als „Kontaktprofi": Ich habe jeden angesprochen, wirklich jeden! Jede sich bietende Gelegenheit, sei es im Zug, in Geschäften, nachts in Diskotheken, selbst beim Pinkeln in öffentlichen Pissoirs habe ich die Leute angesprochen.

Durch das so entstandene Selbstbewusstsein entwickelte sich in mir eine gewisse Arroganz. Ich dachte, mir gehört die Welt, und wenn ich was erreichen will, dann sag mir einfach, wen wir kennenlernen müssen und „ich hau ihn an". Am Höhepunkt meines Übermutes weiß ich noch genau, wie ich Leute aus Einstellungsgesprächen aus dem Büro hinausgeworfen habe, weil Sie keine Entscheidungen treffen konnten. (Zur Erklärung: Bei mir war es Pflicht, sofort eine Entscheidung bezüglich einer Mitarbeit zu treffen, ansonsten habe ich das Gespräch abgebrochen. Genau so verfuhr ich auch bei Leuten, die Manager oder sehr erfolgreiche Personen waren - die meisten verdienten zehnmal so viel wie ich im Monat. Wenn diese nun sagten, sie müssten das noch mit Ihrem Partner besprechen, war das für mich nicht verständlich. Für mich waren das Weicheier, weil sie solche Entscheidungen nicht alleine treffen konnten). Dieses Verhalten meinerseits blockierte mich natürlich wahnsinnig im Vorankommen, denn wer lässt sich schon gerne von einem „arroganten 20-jährigen Schnösel" was über Finanzen erklären.

Eines Tages hatte ich ein Schlüsselerlebnis. Als ich nämlich mal wieder „Kaltakquise" gemacht habe. Bei mir lief das so ab: Ich habe einfach das Branchenbuch auf einer beliebigen Seite aufgeschlagen, den Bleistift hineingelegt und wie beim Flaschendrehen angeschubst. Die Telefonnummer, auf welche die Bleistift-Spitze zeigte, musste ich nun anrufen. Diese Anrufe erfolgten immer nach dem gleichen Schema:

Männerstimme: *„Müller, hallo!"*
Ich: *„Hallo?!"*
Männerstimme: *„Ja, hier Müller, wer spricht denn?"*
Worauf ich wieder sagte: *„Ach, da ist schon jemand dran? Jetzt habe ich Sie leider nicht verstanden, können Sie mich bitte zu Herrn Müller durchstellen?"*
Männerstimme: *„Ja, der ist schon dran!"*
Ich: *„Ach so, das tut mir leid, ich hatte so ein Knacken in der Leitung, deshalb habe ich Sie nicht verstanden."* (So habe ich den Namen der Person heraus gefunden, und er selbst hat es nicht gemerkt.) Ich fuhr fort: *„Mein Name ist Rainer von Massenbach von der Firma XY. Ich habe hier einen gelben Zettel von einem meiner Mitarbeiter bekommen, der Sie mir empfohlen hat."* Die Frage, die immer kam, war: *„Wer hat mich denn empfohlen?"*
Worauf ich meistens einfach irgendeinen Namen nannte. Natürlich war diese Person dann nicht bekannt, worauf ich immer lapidar sagte, *„Ich glaube, der war mal bei Ihnen im Geschäft/Laden/ Filiale/Büro. Jedenfalls hat mir Hr. XY von Ihnen erzählt, dass Sie so klasse mit Menschen umgehen können und dass Sie doch mit Ihren Fähigkeiten wahnsinnig gut in unser Team passen würden."*
Männerstimme: *„Was machen Sie denn genau?"*
Ich: *„Ich baue hier eine große Niederlassung im Finanzbereich auf und suche Leute aus der..."* (Hier seine Branche nun einsetzen. Wenn er. z. B. Banker war, dann einfach sagen, *„Leute, die aus der Bank kommen".* Wenn er sagt Arzt, dann einfach Leute, die aus dem Medizinbereich kommen etc. Das geht für jeden Beruf.) Ist das denn prinzipiell interessant für Sie, zu Ihrer jetzigen Tätigkeit noch ein paar Stunden anderweitig zu investieren, um Ihr Wissen und Ihre Fähigkeiten einem großen Wirtschaftskonzern

*zur Verfügung zu stellen und dabei noch einen guten Euro neben-
bei zu verdienen?"*

Tatsache ist, dass eines Tages eine Dame Anfang 50 in meinem
Büro stand, die ich auf genau diese Weise angerufen und einen
Vorstellungstermin vereinbart hatte. Doch Sie kam nicht alleine,
sondern brachte ihren Lebensabschnittsgefährten mit, der knapp
10 Jahre älter war als sie. In meiner Arroganz sagte ich zu diesem
Mann:
*„Sie müssen draußen bleiben - Vorstellungsgespräche führe ich
ausschließlich alleine."* Im Nachhinein bekomme ich immer noch
Bauchschmerzen, wenn ich nur daran denke, was ich da getan
habe... aber dazu gleich mehr.

Die Dame war hochinteressiert an meiner Geschäftsmöglichkeit,
hatte aber gerade kein Bargeld dabei, um unser Einstiegswochen-
ende zu bezahlen. Daher vereinbarten wir einen nächsten Termin
bei ihr zu Hause. Ich wollte natürlich nichts dem Zufall überlassen,
als sie sagte *„Ich bringe Ihnen das Geld morgen vorbei."* – zu viele
hatten das schon gesagt und sind dann doch nicht mehr gekommen.

Also fragte ich sie, wo genau sie wohne. Darauf sagte ich, *„Mensch,
da bin ich ja morgen direkt in der Gegend"* (Zur Info: Ich war so
ziemlich ganz wo anderes unterwegs, ca. 100 km entfernt), *„dann
komm ich doch kurz mal vorbei, wenn ich eh schon in der Nähe bin
und hole das Geld persönlich ab."*

Als ich dann am nächsten Tag zum Kassieren in der Wohnung saß,
unterbreitete mir die Dame, dass sie doch nicht mit auf unser
Seminar fahren könnte. Noch bevor ich meiner Enttäuschung
Ausdruck verleihen konnte, sagte ihr Partner daraufhin: *„Junger
Mann, Sie verkaufen doch Versicherungen. Wissen Sie, ich hasse
Banken und deren Arbeitsweise, daher möchte ich mich doch
lieber mit meinem Anliegen einer Versicherung anvertrauen. Ich
habe hier eine Immobilie im Wert einer Million Euro, die ich gerne
finanzieren würde. Können Sie mir da weiterhelfen?".*
Ganz schnell änderte sich mein Gemütszustand zum Positiven.

Potenzielle Kunden mochte ich genauso gern wie potenzielle Mitarbeiter. Da ich mich mit Baufinanzierung nicht so gut auskannte, verabschiedete ich mich mit den Sätzen: *„Perfekt, auf Baufinanzierung haben wir uns spezialisiert, allerdings habe ich wenig Zeit und ich würde dann nächste Woche noch einmal mit einem Profi vorbeikommen."*

Die Woche darauf kam ich nun mit unserem Baufinanzierungsspezialisten im Schlepptau wieder angerückt, und wir machten eine dreistündige Beratung.
Danach hatte ich so viel wie noch nie im Leben über Finanzen gelernt, und der Kunde sagte *„Klasse, ihr seid die Besten, so eine tolle Beratung habe ich noch nie in meinem Leben bekommen. Ich bin froh, dass ich euch kennengelernt habe. Ich möchte mich dafür bei euch erkenntlich zeigen."* Wer sich auskennt, weiss, dass eine so große Baufinanzierung von der ausgeschütteten Provision her schon „erkenntlich genug zeigen" bedeutet. Aber der Mann kramte ein dickes, schweres und geheimnisvolles Buch unter seinem Tisch hervor. In diesem Buch waren die Telefonnummern von sehr vielen höhergestellten Persönlichkeiten aus Deutschland und Europa enthalten. Er erklärte mir, dass er Mitglied bei einer Vereinigung sei, in der man sich gegenseitig helfe. Das Prinzip dieser Vereinigungen ist, dass sich jeder auf den anderen verlassen kann, und wenn einer in der Gruppe in Not ist, Hilfe braucht, oder irgendwie im Leben nicht weiterkommt, dann unterstützt man sich gegenseitig mit Beziehungen (natürlich kommt hier nicht jeder hinein und man muss viele Kriterien erfüllen, um aufgenommen zu werden). In diesem Buch waren fast alle Persönlichkeiten der Wirtschaft und Politik, die Rang und Namen haben. So auch der Vorstand unserer damaligen Firma, für die wir tätig waren, samt Vornamen und persönlicher Telefonnummer. In dieser Sekunde griff er zum Telefonhörer und sagte, *„Den XY"* (er nannte ihn beim Vornamen, denn in der Vereinigung waren alle prinzipiell per DU) *„rufen wir jetzt mal an und sagen ihm, was ihr für eine gute Beratung gemacht habt. Vielleicht kann er mal etwas für euch tun."*
Total fasziniert von den Möglichkeiten, die es auf dieser Welt gibt, unterbrach ich ihn wie in Trance und erklärte, dass ich auf das

Angebot verzichten möchte. (Was nützt es Ihnen, wenn Sie in einem Provisionssystem arbeiten, wo Sie Ihre komplette Karriere eh schon schriftlich garantiert haben und einfach nur fleißig sein müssen. Da kommen Sie auch durch Kontakt zu Ihrem Vorstand nicht weiter.) Daraufhin sagte er, *„OK. Aber wenn Sie irgendwann mal im Leben Hilfe brauchen oder ich etwas für Sie tun kann, lassen Sie es mich wissen, ich bin für Sie da."*

In den darauf folgenden Monaten traf ich mich mindestens alle drei bis vier Wochen mit diesem Pärchen und ließ mir alles über das Thema Beziehungen und Kontakte erzählen. Dadurch erlebte ich hautnah, was alles durch Netzwerke möglich ist.
Ich habe die beiden sehr positiv in Erinnerung, da sie wirklich eines der nettesten Pärchen sind, die ich je kennengelernt habe, und ich freue mich immer riesig darauf, wenn ich wieder mit den beiden Zeit verbringen darf. Zum anderen habe ich so viel gelernt und wichtige Erfahrungen für mein Leben, im Umgang mit Menschen und im Pflegen von Kontakten bekommen.

Von diesem Tag an veränderte ich meinen Umgang mit Menschen schlagartig. Denn es müssen nicht immer Menschen sein, die schon finanziell, politisch oder sozial an der Spitze stehen. Es kann auch die nette und liebe Mutter von nebenan sein, die Ihnen im Leben weiter helfen kann.

Hierzu möchte ich ein weiteres Erlebnis schildern.
Eine unscheinbare, ältere Dame, die die Mutter einer Bekannten ist, wollte Tobias und mir einen Gefallen tun und bot uns an, zwei Eintrittskarten für ein Politik-Event zu besorgen. Ihre einzige Bitte war, dass wir uns dort nicht zu erkennen gäben. Was wir erst vor Ort feststellten, war, dass dies eine der bedeutendsten Politikver-anstaltungen des Jahres war. Jeder, der in der Politik und in der Wirtschaft etwas zu sagen hatte, war dort anwesend. Ich lernte Politiker aus allen Parteien bei einem Bierchen kennen. Es war richtig ausgelassen, und es wurde gefeiert, als ob es kein Morgen gäbe. Es war Wahnsinn, zu beobachten, wie die hohen Persönlich-keiten „unter sich" sind – sie sind wie normale Menschen auch.

Wir, als „kleine Vertreter", hatten dort natürlich nichts zu suchen, somit gaben wir uns an diesem Abend als „bedeutende Vertriebs- leiter mit viel Einfluss" aus, um nicht erkannt zu werden. Als ich gerade beim Essen saß, wurde ich von einem der bekannten Poli- tiker mit den Worten *„Geh Bursch, mach des Handy beim Futtern aus"* angerempelt, weil ich gerade telefonierte. Als ich mir Nach- schub holte, scherzte ich mit einem der einflussreichsten Beamten der Bundesrepublik, dass der Käse nach eingeschlafenen Füßen rieche. Sie können sich nicht vorstellen, mit wem ich an diesem Abend alles interessante Gespräche geführt habe.

Während ich eine Persönlichkeit mit den Worten, dass er mir be- kannt vorkäme, ansprach (was ja klar war, denn wie sich her- ausstellte, sah ich fast jeden Tag seine Nachrichtensendung im Fernsehen) unterhielt sich Tobias mit einem ca. 80- jährigen Mann und seiner Frau.

Dieser Mann war Künstler, und seine Frau zeigte uns sogleich Bil- der von seinen Werken. Auf meine Frage nach dem komischen An- stecker an seinem Revers, antwortete er, dass es sich hierbei um das Bundesverdienstkreuz handelte. Na ja, das war etwas pein- lich, aber woher sollte ich das auch wissen? Bis vor drei Mona- ten verkehrte ich nur mit irgendwelchen Schülern, deren höchste Freude darin bestand, die Lehrer auf die Palme zu bringen und Schulstreiche zu spielen.

Spätestens nach diesem Erlebnis war mir bewusst, dass jeder Mensch gleich wertvoll ist. Sowohl menschlich, als auch in Be- zug auf „Beziehungen knüpfen" und „Netzwerken". Jeder in Ihrem Umfeld könnte Ihnen die Tür zu Politikern, einem zukünftigen Arbeitgeber, einer großartigen Geschäftsidee, Ihrem zukünftigen Partner oder einer der besten Partys der Stadt öffnen.

Egal was Sie suchen, ich bin mir sicher, heute sagen zu können, dass ich an jeden Menschen der Welt herankomme, wenn ich es drauf anlege. Ich mache mir das sogar manchmal zum Spaß, wenn ich jemanden im Fernsehen sehe oder in der Zeitung von jemandem lese. Dann stelle ich mir die Frage, wie ich an den rankommen könnte, und versuche die Telefonnummer zu besorgen, beziehungsweise zu treffen.

Es ist erstaunlich und faszinierend zu sehen „wer wen kennt". Das Ganze wird durch das Internet nun auch mehr gefördert. Auf Plattformen wie www.lokalisten.de oder www.xing.de beispielsweise sehen Sie, über wie viele Ecken (Menschen) Sie die gesuchte Person kennen. Es gibt sogar richtige Studien und Versuche, die belegen, dass wohl maximal sechs Menschen zwischen jeder Person der Welt liegen.

Stellen Sie sich vor:
Sie kennen wen (1), der kennt wen (2), der kennt wen (3), der kennt wen (4), der kennt wen (5), der kennt wen (6), und spätestens an 7ter Stelle steht jede Person der Welt.
Gigantisch, wenn Sie nur bedenken, dass sich viele so schwer tun, zum Beispiel einen Job zu finden.

Ich würde, wenn ich mich heute fest anstellen lassen würde, niemals den Weg über Bewerbungen gehen, sondern immer versuchen, private Kontakte zu der Person/dem Unternehmen, in das ich möchte, aufzubauen.

Das geht definitiv nicht schnell und kann sich auch über ein halbes Jahr hinziehen, aber spätestens dann weiß ich, wo derjenige zum Beispiel Golf spielt und wer mich ihm vorstellen könnte ...
Aus persönlichen Erlebnissen weiß ich sogar, dass die besten Jobs, die es auf der Welt gibt, meistens nicht mal ausgeschrieben werden, sondern nur über persönliche Netzwerke vergeben werden.
Aber auch hier gilt die Devise: Sie bekommen nichts geschenkt.
Viele meiner Freunde haben jahrelang studiert, um sich gewisse Fähigkeiten anzueignen. Ich habe mir auch über Jahre hinweg eine Fähigkeit angeeignet nämlich Kontakte zu knüpfen und Beziehungen zu pflegen.
Aber nun wieder zurück zum Network Marketing. Ich denke, im Network geht es nicht darum, Politiker oder die führenden Wirt-

schaftsleute zu kennen, um erfolgreich zu sein, sondern einfach darum eine gewisse Menge an Arbeit zu leisten und Gespräche mit den verschiedensten Menschen zu führen. Für das Network ist meiner Meinung nach die Mittelschicht die ideale Zielgruppe. Oder auch Menschen die so sind, wie ich als Schüler war:

Ein Durchschnittstyp aus der Mittelschicht mit stark begrenzten finanziellen Möglichkeiten, der auf der Suche nach einer Chance ist, auszubrechen und seine Träume zu verwirklichen.

„Jeder ist rekrutierbar! Nur nicht von jedem und zu jedem Zeitpunkt!"

2. Machen Sie Ihren Namen zur Qualitätsmarke

Ob Sie nun einen zukünftigen Arbeitgeber suchen, als Unternehmer Aufträge generieren möchten, privat einen Partner finden wolllen oder einfach nur Spaß am Netzwerken haben wollen: Mein folgendes System können Sie für jede Art der Kontaktpflege verwenden.

Da dieses Buch aber hauptsächlich für Networker bzw. Leute, die in einem MLM-System arbeiten, geschrieben ist, werde ich mich mit den Beispielen darauf beziehen.

Wenn Sie an einem verschneiten Montagmorgen einen Menschen ansprechen, der gerade von seinem Chef eine Kündigung wegen abermaligem Zuspätkommen erhalten hat und zudem auf dem Weg in die nächste Bar ist, da gerade seine Frau mit ihm Schluss gemacht hat, dann können Sie sein, wer Sie wollen und die tollsten Möglichkeiten zu bieten haben.

Dieser Mensch wird Sie wegen seines Tunnelblickes in diesem Moment nicht wahrnehmen und nicht hören oder sehen. In zwei Wochen vielleicht, wenn sich die ganzen Emotionen wieder gelegt haben und die Vernunft wieder sagt: *„Du brauchst 'nen Job"* oder *„Jetzt pack dein Leben wieder an, es geht weiter"*, wäre der richtige Moment, den Menschen auf Ihre Geschäftsmöglichkeit anzusprechen. Nochmal:

„Jeder ist rekrutierbar! Nur nicht von jedem und zu jedem Zeitpunkt."

Ich habe so viele Menschen in unpassenden Momenten angesprochen und vor eine Entscheidung gestellt, bei denen es vorprogrammiert war, dass Sie sich dagegen entscheiden würden.

Bei Studenten beispielsweise, die kurz vor der Prüfung stehen, kann Ihr Angebot noch so gut sein - die sind vom Kopf her nicht offen für eine lukrative Nebentätigkeit. Aber was wäre genau vier Wochen später?

Oder Leute, die gerade auf dem Sprung ins Ausland sind, weil sie dort ein Projekt für drei Monate haben. Was ist danach? An so etwas habe ich nie gedacht. Entweder sofort oder nie. Im Network Marketing ist es so wie in jedem anderen Geschäft auch. Geben Sie sich drei Jahre Zeit, haben Sie Geduld und halten Sie sich an die Spielregeln.

Marketing hat nämlich gewisse Spielregeln, die einem Erfolg bringen, aber man muss sich daran halten. Und der wichtigste und für mich heute entscheidendste Satz ist: **„Arbeiten Sie professionell."** Und nach der „AURA-Methode" zu arbeiten, wie ich es in meinen Anfängen getan habe, nämlich „Anhauen", „Umhauen", „Reinhauen" und „Abhauen" führt definitiv nachhaltig nicht zum Erfolg. (Bitte beachten Sie: Ich meine hier „verbales" Anhauen, Umhauen, Reinhauen und abhauen!) :)

Im Marketing gibt es folgendes Gesetz: Es benötigt sieben Kontakte, bis der Kunde kauft. Oder besser gesagt: Sie müssen sieben Kaufimpulse senden, bis sich der Kunde für Ihr Geschäft oder Ihre Dienstleistung entscheidet.

Hierzu muss ich an eine eigene Geschichte denken. Ich saß morgens in der Bahn, schaute aus dem Fenster und sah ein Plakat von einem neuen Schokoriegel. Dies beachtete ich nicht weiter. Als ich im Büro meine E-Mails prüfte, sah ich auf einer Website wieder einen Banner mit diesem neuen Schokoriegel. In der Mittagspause, als ich gerade mein Essen im Supermarkt holte, sah ich vorn an der Kasse schon wieder diesen Riegel liegen. Meinem Unterbewusstsein kam es so vor, als wäre mir das alles vertraut, und ich dachte schon, dass der sicher gut schmeckt. Als mir am Abend meine Freundin einen Artikel aus ihrem Mädels-Magazin zeigte und ich schon wieder diesen Riegel rechts unten im Eck erspähte, habe ich mich entschlossen, diesen bei der nächsten Gelegenheit zu testen. Als dann zu allem Überfluss der Riegel noch in der Fernsehwerbung gezeigt wurde – wie ein Mensch genüsslich davon abbeißt und die Glückshormone in seinen Kopf schiessen, da saß ich schon im Auto auf dem Weg zur Tankstelle, um mir dieses Wunderwerk aus Schokolade und Nuss zu besorgen.

Und genauso geht es weiter: Am nächsten Tag sehe ich wieder dieses Plakat, was mich vielleicht schon in der Mittagspause wieder zum Kauf treibt.

Dies waren jetzt weniger als 7 Impulse bis zum Kauf. Aber ich denke, es war die perfekte Situation, wie es für eine Firma laufen könnte.

Genauso ist es bei den meisten Menschen. Im Network Marketing geht es nicht darum, das Produkt, sondern sich als Menschen bei den anderen „zu branden" (als Marke zu positionieren). Der optimale Zielzustand, den es zu erreichen gilt, ist, dass Sie die Menschen mit Ihrem Produkt in Verbindung bringen. Bei mir war das damals die Versicherung. Ich war stets bemüht, dass meine Kunden auf die Frage, wo Sie denn versichert seien, „Beim Rainer" antworten und nicht bei der Firma XY.

Mit dem von mir entwickelten 7-Impulse-Plan, werden Sie es schaffen, sich bei den Menschen so zu „branden", dass wenn zum Beispiel abends am Stammtisch Ihr Produkt zur Sprache kommt, die Menschen sofort an Sie denken müssen. Wenn einer in meinem Umfeld nur das Thema „Versicherung" gehört hat, war ich mir sicher, dass er sofort ein Bild von mir im Kopf hatte. Sei dies nun dafür gut, dass er selbst bei mir kauft, wenn er was braucht oder auch nur, wenn er gefragt wird, ob er wen kennt, der Versicherungen verkauft, dass er eine Empfehlung zu mir ausspricht.

So sind Sie immer präsent und werden den anderen automatisch in den Kopf schießen, wenn es um Ihr Produkt geht.

Wenn Sie vielleicht gar kein „physisches Produkt" verkaufen, sondern mit Ihrer „Geschäftsmöglichkeit" in Verbindung gebracht werden wollen, dann funktioniert das natürlich genauso.

Immer wenn ich abends die Kontakte des Tages in meine Datenbank eingepflegt habe, suchte ich die Person noch bei „Google".

2.1. Die Datenbank

Nach meinen Erkenntnissen aus den vorher beschriebenen Erlebnissen habe ich nun im Alter von 20 Jahren angefangen, mir jede Nummer aufzuheben und aufzuschreiben. (Davor habe ich jede Visitenkarte weggeworfen, egal ob es ein Student oder der Vorstand eines Konzerns war. Wer nicht sofort von mir kaufen wollte und wer nicht mitarbeiten wollte, wurde nicht aufgehoben. Es tut mir heute noch weh, wenn ich daran denke, von welchen Persönlichkeiten ich Nummern weggeschmissen habe).

Ich selbst habe heute in meiner Datenbank etwas über 5000 Kontakte, die ich näher kenne. Von Menschen, die mir nicht sympathisch waren oder wo die Chemie einfach nicht gepasst hat, habe ich die Karten in einen Schuhkarton gelegt, der unter meinem Schreibtisch steht (ca. weitere 5000 Visitenkarten). Ich habe immer nach einem Gespräch mit einem Menschen entschieden, ob ich mit ihm längerfristig was zu tun haben will. Dies hing davon ab, ob das Gespräch positiv war, ich Spaß dabei hatte oder einfach „die Chemie gestimmt" hat. Sobald ich eine dieser drei Fragen mit „Ja" beantworten konnte, habe ich dessen Visitenkarte am Abend in den Computer eingegeben und mir einige Bemerkungen zu dem Menschen aufgeschrieben. Hierzu können Sie viele verschiedene Datenbanken verwenden. Das gängigste Programm, das die meisten auf ihrem Computer haben, ist „Outlook" oder „iCal" beim Apple User.

Tagsüber, nachdem ich mit dem Menschen gesprochen hatte, habe ich mir auf die Rückseite seiner Visitenkarte alle möglichen Informationen geschrieben, die ich abends dann in meine Datenbank mit eingetragen habe. Schreiben auch Sie sich so viel wie möglich auf.

Beispiele:

- alle Adressdaten *(privat/geschäftlich)*

- so viele Telefonnummern wie möglich *(es ist unglaublich, wie oft die Leute heutzutage ihre Handynummern wechseln)*

- Firma/Ex-Firmen

- Geburtstag

- Hobbys

- wo kennen gelernt/kontaktiert

- Vorlieben *(womit kann ich der Person eine Freude machen)*

- Interessen

- politische Richtung

- Familienstand *(wenn er Partner/Kinder/Tiere hat, auf jeden Fall die Namen notieren)*

- Wünsche/Träume/Ziele

- äußere Merkmale

- aktuelle Lebenssituation
  :

Diese Liste könnten wir noch beliebig lange fortführen. Natürlich werden Sie nicht zu jeder Person alles herausfinden und wissen. Aber je mehr, desto besser. Ich habe mir soviel wie möglich zu den Menschen aufgeschrieben, denn je mehr ich weiß, desto besser kann ich auf deren Ziele/Wünsche eingehen, beziehungsweise dabei helfen, im Leben weiter zu kommen.

Immer wenn ich abends die Kontakte des Tages in meine Daten-bank eingepflegt habe, suchte ich die Person noch bei „Google". Jetzt kommt es natürlich darauf an, wie präsent der Gesuchte im Internet ist, aber Sie können davon ausgehen, dass Sie in 30 - 40 Prozent der Fälle Informationen über diese Person in besagter Suchmaschine finden. Vielleicht finden Sie ein Bild, wie er als Kind in einem Fußballverein war, oder Sie finden heraus, dass die Per-son Vorsitzender in einem Verband ist. Egal, was Sie finden, Sie können sich sicher sein: Es sind Dinge, die das Leben der Per-son betreffen und somit relevant oder bezeichnend für denjenigen sind. Diese Informationen/Links oder Homepage-Adressen schrei-ben Sie sich am besten auch in Ihrer Datenbank mit auf.

Als nächstes schaue ich die Seiten von Online Communities durch und vernetze mich mit den Leuten. Hier gibt es nun sehr viele Möglichkeiten, beziehungsweise Communities. Jede hat so ihre Eigenheiten und Spezialisierungen. Ich arbeite am liebsten mit www.xing.de.

Xing hat den Vorteil, dass es in Deutschland von sehr vielen ge-nutzt wird und auf berufliche Daten beziehungsweise Kommuni-kation ausgelegt ist. Auf Xing kann sich jeder ein Profil mit Foto erstellen, in dem er genau beschreibt, bei welcher Firma er schon wie lange arbeitet. Zudem kann er schreiben, was er sucht oder was er zu bieten hat. Das Beste ist, ich biete jedem, den ich am Tag kennen gelernt habe, am Abend den „Kontakt" an, das heißt, Sie können sich mit den Leuten verlinken. Nachdem der andere Ihren Kontaktwunsch bestätigt hat, kann er Ihnen seine Kontakt-daten freischalten, was die meisten auch tun.

Hier haben Sie nun immer die aktuellsten Telefonnummern und Adressen, auch wenn sich bei demjenigen einmal etwas ändert. Schauen Sie einfach ins Xing, in Ihr Netzwerk - und Sie haben immer die aktuellen Daten.

Einen kleinen Nachteil gibt es dabei: Viele Personen stellen sich dar, als wären sie schon Vorstände einer Firma, auch wenn sie

„Es gibt mittlerweile für jede Zielgruppe und Art von Menschen entsprechende Communities."

noch nichts im Leben erreicht haben. Daher darf man sich nicht immer von „tollen Profilen" blenden lassen.

Im nächsten Schritt sehe ich in eine „private community". Dort lassen die meisten die sprichwörtlichen Hosen runter und zeigen sich von ihrer privaten Seite. Viele haben in ihren Profilen Bildern von ihrem Partner, stellen einen Bildband von ihren Haustieren ein oder beschreiben ihre Wünsche und Hobbys. Bei uns in München und in der Altersgruppe 20 - 35 wird man mit Sicherheit auf www. lokalisten.de fündig. Ansonsten besuchen Sie mal www.facebook. com oder www.myspace.de. Es gibt mittlerweile für jede Zielgruppe und Art von Menschen entsprechende Communities. Gehen Sie einfach mal auf die Suche.

Auf jeden Fall schreibe ich alle Informationen, die ich über meine Kontaktperson finde, zu der Adressdatei dazu.

„Wenn Sie eine gute „Elevator Pitch" haben, schreiben Sie diese auf jeden Fall am Ende in Ihre E-Mail mit hinein. "

2.2. Der erste Impuls – Kontaktaufnahme

Der erste Impuls, die erste Kontaktaufnahme sollte noch am gleichen Abend stattfinden. Nutzen Sie die Gelegenheit und schreiben Sie eine E-Mail.
Meine Standard-E-Mail sah immer folgendermaßen aus:

Hallo Herr/Frau....,

Es hat mich sehr gefreut, Sie heute kennenlernen zu dürfen.
Ich freue mich schon sehr auf unser Gespräch in der nächsten Zeit.

Wenn ich vorab etwas für Sie tun kann, lassen Sie es mich wissen.

Viele Grüße
Rainer von Massenbach

Mit dieser E-Mail rufen Sie sich wieder bei den Menschen ins Gedächtnis, und zudem zeigt es Ernsthaftigkeit und Professionalität in dem, was Sie tun.

Ich empfehle Ihnen, sich ein Impressum in der Mail anzulegen, damit der Angeschriebene auch noch einmal Ihre Kontaktdaten und vor allem einen Link zu Ihrer Homepage hat (diesen Link zur Homepage schreiben Sie bitte nur rein, wenn Ihre Page auch professionell und ordentlich ist - bitte keine Pages, in der mit „Millionär über Nacht" oder „Reichwerden ohne Arbeit" geworben wird). Wenn Sie eine gute „Elevator Pitch" (Vergleiche „Die REKRU-TIER Elevator Pitch: Wie Sie sich und Ihr Geschäft in nur einem Satz hochinteressant darstellen") haben, schreiben Sie diese auf jeden Fall am Ende in Ihre E-Mail mit hinein.

„Schmiede das Eisen, solange es noch heiß ist!"

2.3. Der zweite Impuls – Terminvereinbarung

Rufen Sie die Person spätestens!!! 72 Stunden nach dem Erst-kontakt an, ansonsten ist die Nummer nicht mehr „heiß"!
Zu oft habe ich Menschen auf der Strasse angesprochen, die sag-ten, meine Sache sei super interessant. Aber als ich eine Woche später anrief, wussten die meisten nicht einmal mehr, wer ich bin, bzw. was ich wollte.
Als ich dann mühsam erklären musste, woher wir uns kennen, kam meistens ein „Ach ja, da war mal was... Naja, aber ich habe kein Interesse an ´nem Nebenjob mehr etc."

„Schmiede das Eisen, solange es noch heiß ist!"

... also, spätestens nach 72 Stunden muss Ihr Anruf kommen, um sich bei dem neuen Kontakt noch einmal ins Gedächtnis zu rufen.

Ich möchte Ihnen an dieser Stelle zwei Telefonvarianten vorstellen, die ich verwende.
Das eine ist eine Business-Rekrutierungsvariante, die zweite nenne ich „Networking Variante".

Beginnen wir mit der **Business-Variante:**

1. Ein einfacher Anruf
Die meisten Vertriebler rufen mit einem Satz an, wie: *„Störe ich gerade?"* Wer aus meiner Sicht so blöd fragt, stört definitiv. Mein Rhetorik-Trainer hat mir immer eingebrannt, dass das Schlimmste das man machen kann, zu fragen ist, ob man stört.
Um sich selbst nicht abzuwerten, sollten Sie folgende Glaubensätze für sich annehmen:

a) Du bist eine tolle Persönlichkeit und störst NIE, wenn du anrufst!

b) Wenn du stören würdest, dann würde der Angerufene nicht ans Telefon gehen!

Daher lassen Sie diesen Satz bitte weg, oder formulieren Sie ihn in: *„Ich hoffe, ich störe gerade..."* um, dann klingt es witzig oder vor allem selbstbewusst - und darauf kommt es an.

Es könnte höchstens sein, dass der Angerufene gerade in einer Besprechung, beim Essen oder mit Ähnlichem beschäftigt ist. Dennoch war er so neugierig, ans Telefon zu gehen, um zu sehen, wer versucht ihn zu erreichen, um dann eventuell einen Termin zum Telefonieren zu vereinbaren.

Das Schlimmste, was also passieren kann, ist, dass Sie ein Mensch ablehnt, indem er Ihnen sagt *„Nee, gerade ist schlecht"*, oder, *„Wir müssen später noch einmal sprechen."*
Jetzt müssen Sie tatsächlich später noch einmal anrufen, und dann geht es vielleicht wieder nicht. Ab diesem Zeitpunkt sind Sie vom Status her in einer bescheidenen Lage, denn es „könnte" so aussehen, als würden Sie der Person nachrennen.

Ich habe mir zum Ziel gesetzt, bei einer Person maximal einmal anzurufen. Ich bin der Bieter, und ich renne niemandem hinterher. Mit dieser Einstellung müssen Sie arbeiten. Daher verwenden Sie einen kurzen Einstiegssatz, zum Beispiel:

„Hallo hier spricht Rainer von Massenbach, ich hoffe, ich störe gerade..., aber keine Sorge, es dauert nicht lang, wir haben es gleich."

Bevor der andere zu Wort kommt, sage ich ihm, *„dass es nicht lange dauert und wir es gleich haben."*
Denken Sie daran: Wenn der Angerufene nicht einmal „kurz Zeit" hätte, wäre er nicht als Telefon gegangen. Aber durch Ihre Aussage suggerieren Sie ihm, dass es in der Tat nicht lange dauert, also kein Grund besteht Sie abzuwürgen oder auf später zu vertrösten. Somit können Sie Ihren Status halten und müssen nicht mehr als einmal anrufen.

2. Der Hinweis, woher Sie sich kennen.

Bitte stellen Sie auf keinen Fall die Frage, *„Erinnern Sie sich noch an mich? Ich hatte Sie letzte Woche mal angesprochen."* Dadurch verkaufen Sie sich wieder unter Ihrem Wert, denn somit geben Sie dem anderen die Möglichkeit, Sie vergessen zu haben. Jemand der von sich, seiner Sache und seiner Möglichkeit, die er zu bieten hat, überzeugt ist, stellt sich nicht selbst bei anderen in Frage, ob man ihn vergessen könnte. Daher verwenden Sie einfach zum Beispiel folgende Formulierung:

„Sie erinnern sich! Ich hatte Sie letzte Woche in München, XY an-gesprochen und mit Ihnen über XY gesprochen (Ausrufezeichen)" (der gleiche Satz, nur mit Ausrufezeichen anstatt Fragezeichen) Dadurch, dass Sie ihm alle Details auflisten, wo Sie sich getroffen haben, erinnert sich der Angerufene auf jeden Fall an Sie und Sie müssen nicht diese Frage stellen.

3. Der Nutzen

Bringen Sie einen Nutzen. Kein Mensch tut etwas, ohne einen Nut-zen davon zu haben. Sie müssen dem Angerufenen erklären, was er für einen Vorteil hat, beziehungsweise was es ihm bringt. Ich bin mir sicher: Jeder handelt in gewisser Weise egoistisch. Der eine agiert für Geld, der andere für die Anerkennung, und der Dritte tut etwas, weil er sonst ein schlechtes Gewissen anderen gegenüber hätte, wenn er es nicht tun würde. Das sind aus meiner Sicht alles egoistische Gründe, um sich selbst besser zu fühlen.

In diesem Nutzen können Sie sich nun auf Ihre Informationen beziehen, die Sie beim Einpflegen des Kontaktes in Ihre Daten-bank über die betreffende Person herausgefunden haben. Viel-leicht stand in einem seiner Profile im Internet, dass er gerade einen Nebenjob sucht, oder dass er gerade sein Auto zu Schrott gefahren hat und Geld für eine neues braucht. Vielleicht war auch zu lesen, dass er einen guten Job hat, aber offen für neue Heraus-forderungen ist.

„Es ist mit Sicherheit eine Kunst, genau im richtigen Moment das Richtige zu sagen. Doch das ist einfach eine Frage der Übung."

Je besser Sie Vorarbeit geleistet haben, desto besser können Sie ihm Ihre Geschäftsmöglichkeit erklären, sodass der Angerufene für sich selbst den größten Nutzen erkennt. Er muss durch Sie irgendwas bekommen, was er noch nicht hat bzw. wovon er gern mehr hätte.

Wenn die Chemie zwischen Ihnen beiden stimmt, also die Sympathie vorhanden ist, ist eine gute Nutzen-orientierte Terminvereinbarung schon die halbe Miete für eine Zusammenarbeit.

Beispiel: Ein Student ist auf der Suche nach einem Nebenjob
„Ich habe Sie angesprochen, weil ich noch junge Leute suche, die mich auf 400 Euro-Basis nebenbei unterstützen, ein Gesundheitsnetzwerk aufzubauen. Und zwar das Ganze bei freier Zeiteinteilung."

Beispiel: Bankkaufmann in fester Anstellung
„Ich hatte Sie angesprochen, da ich noch Leute aus dem kaufmännischen Bereich für eine Zusammenarbeit suche. Ich kann Ihnen noch nichts versprechen, aber ich würde Sie gern mal kennenlernen, um zu sehen, ob Sie bei uns reinpassen. Sie könnten mal testen, wie hoch Ihr Marktwert bei einem anderen Unternehmen ist. Vielleicht finden wir ja auch einen gemeinsamen Weg."

Beispiel: Hausfrau
„Ich hatte Sie angesprochen, weil wir noch ein paar nette Damen suchen, die uns beim Aufbau und der Schulung von Mitarbeitern im Wellnessbereich unterstützen. Da Sie mit Sicherheit familiär sehr eingespannt sind, suchen wir eben Hausfrauen, die die Flexibilität in den Arbeitszeiten lieben."

Es ist mit Sicherheit eine Kunst, genau im richtigen Moment das Richtige zu sagen. Doch das ist einfach eine Frage der Übung. Um es Ihnen aber nicht zu schwer zu machen:
Das Ganze können Sie trainieren, und vor allem können Sie sich die Sätze ja schon vorher überlegen, wenn Sie dementsprechend gut recherchiert und sich auf das Telefonat vorbereitet haben.

„Willst du was gelten, mach dich selten.“

4. Machen Sie sich rar

„Willst du was gelten, mach dich selten."

Denken Sie daran: Sie sind der Chef und Bieter, und es muss dem Menschen eine Ehre sein, sich mit Ihnen treffen zu dürfen.
Fragen Sie NIEMALS, wann es denn zeitlich passen würde, sondern sagen Sie immer Dinge wie:

„Ich bin Montag und Donnerstag nächste Woche in München. An welchem der beiden Tage würde es Dir/Ihnen besser passen?"

Gehen Sie immer davon aus, dass der andere Zeit für Sie hat. Stellen Sie nie in Frage, ob er Zeit hat. Die einzige Frage, die sich stellt ist, an welchem der beiden Tage er denn Zeit hat.

5. Die Terminbestätigung

Bevor Sie lange anfangen, der Person zu erklären, wie sie zu Ihrem Büro findet und der Angerufene vielleicht keinen Zettel und Stift zur Hand hat, schicken Sie ihm lieber eine E-Mail. (Insofern Sie die E-Mail Adresse noch nicht hatten, bekommen Sie diese spätestens dann!)... :)

Als kleiner Tipp: Egal wer Sie sind und welche Position Sie innehaben – lassen Sie die E-Mail von Ihrer Sekretärin schreiben. Denken Sie einmal an die Situation, als Sie sich beworben haben. Hatten Sie den Schriftverkehr und Telefonate mit dem Personalchef oder mit seiner Sekretärin? Sie bieten auch gerade der Person einen Job an, also brauchen Sie jetzt auch eine Sekretärin. Wenn Sie bis dato noch keine haben, dann haben Sie spätestens jetzt eine ...

„Jeder Mensch hört sich selbst am liebsten sprechen.“

Ich bin mir sicher – jeder hat eine Freundin, Mutter, Bekannte oder ähnliches, die gern von Zeit zu Zeit mit Ihrem Namen eine E-Mail unterschreibt zum Beispiel:

Hallo Herr XY,

wie mit Herrn von Massenbach telefonisch besprochen bestätigen wir Ihnen hiermit noch einmal den Termin am ... um XY Uhr schriftlich.
Bitte kommen Sie in unser Büro/Bitte kommen Sie zum Café....

Viele Grüße
Stefanie Müller
Sekretariat Rainer Frhr. von Massenbach

Das klingt doch gleich viel professioneller.

Die Networking Variante:

Lernen Sie zu quatschen. Ich persönlich finde, am Telefon lässt es sich am leichtesten miteinander kommunizieren. Ich habe mir eine Technik angeeignet, in der ich immer Fragen stelle, und zwar bezogen auf die letzte Aussage der Person.

Während mir mein Gesprächspartner meine Frage beantwortet, überlege ich mir schon die nächste Frage. Da Sie sich sogar beim Telefonieren Notizen machen können, fällt es mir nicht schwer, stundenlang mit jemandem zu telefonieren.

„Jeder Mensch hört sich selbst am liebsten sprechen."

Getreu diesem Motto haben gerade auch viele erfolgreiche Leute sehr viel zu erzählen, meist ihre komplette Erfolgs- und Lebensgeschichte. Das Umfeld dieser Person jedoch kennt diese Geschichten schon in und auswendig und will Sie nicht mehr hören. Aber auf

„Zuerst stimmt die Chemie, dann stimmen die Zahlen."

einmal ist ein/e nette/r junge/r Frau/Mann an der Leitung, der auf einmal alles wissen will. Ich habe schon vielen erfolgreichen Unternehmern eine Stunde lang einfach nur zugehört und immer nur ein paar kleine Fragen gestellt. (Es soll nicht darum gehen, den anderen auszuhorchen, Sie sollen vielmehr dem Gespräch mit Ihren Fragen nur eine Richtung geben.) Am Ende des Gespräches haben die meisten gesagt: *„Mensch, ich hatte noch nie so einen tollen Gesprächspartner wie Sie."* (Obwohl ich vielleicht nur zwei Sätze gesagt habe - aber das ist eben das alte Psychologen-Prinzip.)

An der entscheidenden Stelle sage ich dann: *„Mensch, es beeindruckt mich sehr, was Sie schon alles geschafft haben. Ich würde mich gern mal mit Ihnen persönlich zusammensetzen und einen Kaffee trinken. Vielleicht ergeben sich längerfristig gemeinsame Ideen oder Kooperationsmöglichkeiten. Das würde mich sehr freuen."*

Zeigen Sie bitte jedoch wahres Interesse. Wenn Sie das alles nicht interessiert, was dieser Mensch zu erzählen hat, dann werden Sie mit dieser Methode auch keinen Erfolg haben. Wenn Sie allerdings offen sind und Sie das Ganze interessiert, werden Sie verwundert sein, mit wie vielen Menschen sich teilweise die tollsten Gespräche ergeben.

Ich nenne das:
„Von hinten durch die kalte Küche", denn

„Zuerst stimmt die Chemie, dann stimmen die Zahlen."

Es gibt keinen Kontakt da draußen, der so einfach für Ihr Geschäft zu gewinnen ist, wie jemand der am Anfang auf Ihrer persönlichen Namensliste stand.

Bei Menschen, die sich schon länger kennen, existiert eine Vertrauensbasis, die vieles leichter macht. Als neuer Kontakt, müssen Sie diese Vertrauensbasis aber erst einmal herstellen.

„Baue dir zuerst deine Struktur auf. Erst wenn die steht, dann steig in ein MLM ein."

Daher gilt: Wenn die Namensliste bereits abgearbeitet ist und Sie in den kalten Markt gehen, dann füllen Sie zuerst wieder Ihre Namensliste mit Menschen auf. Dann geht es leichter und Sie können weiterhin im warmen Markt verkaufen und rekrutieren.

Ein sehr erfolgreicher Networker aus Amerika sagte einmal zu mir:

„Baue dir zuerst deine Struktur auf. Erst wenn die steht, dann steig in ein MLM ein."

... was soviel bedeutet wie: Lerne erst wieder neue Menschen als Menschen kennen und nicht als Kunden. Wenn eine vertrauensvolle Basis auf freundschaftlicher Ebene entsteht, ist es viel leichter, denjenigen eines Tages für sein Geschäft zu gewinnen.

Abschließend bleibt noch folgendes zu sagen. Sollten Sie keinen Termin bekommen, sagen Sie immer:

„Da kann ich Sie voll und ganz verstehen, in Ihrer Situation würde ich genauso reagieren ... Bei jemandem, der bereits so eine tolle Position hat, ist das absolut verständlich. Ihr Chef kann sich glücklich schätzen, einen so guten und treuen Mitarbeiter zu haben."

Jeder ist rekrutierbar – geben Sie der Sache und dem Menschen lediglich ein wenig Zeit!

„Es geht einfach nur darum, sich bei der Person wieder ins Gedächtnis zu rufen."

2.4. Der dritte Impuls – 2 Wochen danach

Wenn der Termin nach dem Telefonat erfolgreich war und Sie einen Geschäftspartner oder Kunden gewonnen haben, dann haben Sie Ihr erstes Ziel ja schon erreicht. Die weiteren Impulse sind dafür gedacht, Menschen, die noch nicht „gezündet" haben, stil- und niveauvoll immer wieder daran zu erinnern, was Sie machen. Bis irgendwann die Zeit reif ist ...

Der dritte Impuls sollte genau zwei Wochen nach diesem Gespräch erfolgen. Machen Sie sich hierzu einfach eine Notiz in Ihren Kalender. Zwei Wochen ist genau die Zeit, in der man alles Unwichtige vergisst und alles Wichtige für längere Zeit in seinem Gedächtnis abspeichert. Deshalb sollten Sie genau nach 14 Tagen den nächsten Impuls senden.

Dieser Impuls basiert nun auf den Informationen, die Sie beim ersten Gespräch und beim Telefonat notiert haben. Im Sommer beispielsweise rufe ich immer gern an und erkundige mich, wie der Urlaub war (wenn er gerade weg war und wir vorher darüber gesprochen haben), da mich das Urlaubsziel für eine Reise auch interessieren würde. Im Winter geht das Ganze natürlich auch, dann eben mit der Frage, wie der Schnee und das Hotel war, da Sie gerade auf der Suche nach einer Location zum Skifahren sind. Es kann genauso gut sein, dass gerade seine Lieblingsmannschaft im Fußball gewonnen hat. Dann rufe ich an, und sage *„Als ich die Zeitung heute Morgen gelesen habe, habe ich gesehen, dass dein Club gewonnen hat, da musste ich einfach an dich denken und dachte mir, dass ich mal durchrufe. Wie geht´s dir so?"* Oder fragen Sie ihn etwas über seine Firma, in der er jetzt arbeitet, weil sich eine Freundin von Ihnen dort auch bewerben will etc. Es ist egal was, suchen Sie nur einen Grund, um ihn anzurufen. Bitte sprechen Sie in diesem Telefonat nicht über Ihr Geschäft, außer der Angerufene fragt danach. Es geht einfach nur darum, sich bei der Person wieder ins Gedächtnis zu rufen.

„Der wichtigste Tag im Jahr ist für die meisten Menschen der eigene Geburtstag."

2.5. Der vierte Impuls – Geburtstage

Der wichtigste Tag im Jahr ist für die meisten Menschen der eigene Geburtstag. Hier zeigt sich, wer an einen denkt und wer die wahren Freunde sind. Das durfte ich selbst am eigenen Leib erfahren. Nachdem ich im Vertrieb angefangen habe, haben mir von Jahr zu Jahr immer weniger Menschen gratuliert. Im dritten Jahr erreichte das Ganze seinen Höhepunkt. Außer meiner Familie, meinem besten Freund und meinen direkten Geschäftspartnern hat mir niemand sonst gratuliert. In dieser Situation merken Sie dann, dass Sie gesellschaftlich auf dem Holzweg sind. Ich hatte bis dato schon eine riesige Menge Menschen für mein Geschäft kennengelernt – und dann denken nicht einmal mehr meine indirekten Geschäftspartner an meinen Geburtstag!

Spätestens wenn es Ihnen auch so geht, sollten Sie einiges an Ihrer Kontaktpflege ändern. (Falls Sie sich fragen, was denn Ihre aktive Kontaktpflege damit zu tun hat – wie viele Leute Ihnen an Ihrem Geburtstag gratulieren ist ein Spiegelbild dessen, wie aktiv und aufmerksam Sie netzwerken.)

Nutzen Sie jederzeit und überall die Möglichkeit, den Menschen in Ihrem Netzwerk zu gratulieren. Egal wie fremd diese Menschen Ihnen noch sein mögen. Spätestens wenn Sie an deren Jubeltag gedacht haben, sind Sie nicht mehr fremd. Die meisten Network Communities (wie Xing) zeigen Ihnen die Geburtstage Ihrer Freunde an. Ich habe in jedem persönlichen Gespräch auch immer versucht, den Geburtstag herauszufinden. Hierzu gibt es verschiedene Möglichkeiten:

Bei jungen Leuten haben ich immer direkt gefragt:
„Wie alt bist du eigentlich?" Egal was kam, habe ich immer geantwortet.
„Krass, ich hätte dich schon viel älter geschätzt. Bist du gerade erst 25 geworden, oder wirst du bald 26?"
„Nee, gerade erst geworden."
„Oh, wann hattest du denn, oder ist es schon zu spät, um zu gratulieren?"

„Ich rufe liebend gern an und singe kurz „Happy Birthday". Das ist zwar immer megapeinlich, aber es freut das Geburtstagskind definitiv."

Bei Frauen hat bei mir immer folgendes funktioniert:
„Was bist du eigentlich für ein Sternzeichen?"
„Ich bin XY..."
„Habe ich es mir doch fast gedacht."
„Echt - wow ist ja interessant, dass du dich da auskennst."
„Wann hast du denn genau? Am Anfang oder am Ende?"
„Am 20."
„Ah, okay."

Seien Sie einfach kreativ. Mit der Zeit bekommen Sie Routine und Ihnen fällt immer was Spontanes ein, um an die Info zu kommen.

Bitte, insofern es Ihre Zeit erlaubt und Sie gerade die Möglichkeit haben, RUFEN SIE AN. Mittlerweile schicken mir an meinem Geburtstag sehr viele Leute eine E-Mail oder eine Nachricht im Xing. Da ich ein recht großes Kontaktnetzwerk habe, summiert sich das natürlich. Es gibt viele Leute, die große Netzwerke haben und mit E-Mails demzufolge überschüttet werden.
Daher nutzen Sie die Chance anzurufen. Eine ideale Gelegenheit, um sich wieder ins Gedächtnis zu rufen. Ich rufe liebend gern an und singe kurz „Happy Birthday". Das ist zwar immer megapeinlich, aber es freut das Geburtstagskind definitiv. Ich kenne sogar viele Leute, die sich in einer Art Tagebuch aufschreiben, was Sie geschenkt bekommen haben und wer Ihnen gratuliert hat.
Anrufen ist das Beste, was Sie machen können!

Lassen Sie sich etwas Witziges einfallen. Eine Dame beispielsweise schickte mir am Vortag eine E-Mail, in der geschrieben stand, Sie möchte mir vorab gratulieren, weil Sie Angst hat es morgen zu vergessen, da Sie den ganzen Tag beim Skifahren ist. Ob das nun gut ist oder nicht, dem anderen zu sagen, man könne ihn vergessen, ist die Frage. Fakt ist, ich fand die Mail, und die Ehrlichkeit genial. Ich bekomme nun ca. 400 Mails jedes Jahr, da sticht so etwas heraus, und genau das ist es ja, was Sie beabsichtigen. Es geht sogar soweit, dass ich die Dame hier in dem Buch erwähne, bzw. ihr Beispiel schreibe, weil ich es so gut fand.

Ein anderer hingegen schrieb mir einen Tag nach meinem Geburtstag:

„Lieber Herr von Massenbach, ich wünsche Ihnen alles Gute nachträglich. Glück und Gesundheit.

Ich habe Ihnen gestern absichtlich nicht geschrieben, denn ich dachte in der Flut an Mails, die Sie bekommen, würde ich sowieso untergehen.

Liebe Grüße

XY."

Ob er mich nun vergessen hat, oder ob das Absicht war, weiß ich auch nicht, aber allein dadurch, dass ich mir darüber Gedanken mache, hat er sein Ziel erreicht. Ich denke darüber und über ihn als Person nach.

„Was wirklich schlimm ist, sind Massenmails."

2.6. Der fünfte Impuls – Feiertage

Feiertage wie Weihnachten und Ostern bieten immer eine ideale Gelegenheit, um dem anderen mitzuteilen, dass es Sie gibt. Schicken Sie doch Ihren wichtigsten Kontakten zu diesen Anlässen eine handschriftliche Karte. Wer heutzutage etwas per Hand schreibt, fällt zu 100 Prozent auf, denn die Mühe macht sich kaum jemand mehr. Gerade Menschen, die schon viel erreicht haben und ein sehr großes Netzwerk haben, werden an Weihnachten überschüttet mit Mails, Karten und vorgedruckten, automatisierten Briefen. Aber in den seltensten Fällen kommt hier ein persönlicher Anruf oder eine handschriftliche Karte.

Was wirklich schlimm ist, sind Massenmails. Ich verstehe das bis heute nicht, aber es gibt Leute, die schicken eine Weihnachts-E-Mail und schreiben als Anrede: *„Liebe Freunde, Verwandten und Kollegen, ich wünsche euch..."* Bitte, wenn Sie es nicht schaffen, sich die Mühe zu machen, die Person zumindest persönlich in der E-Mail anzureden, dann schicken Sie lieber gar nichts. Meistens wird bei mir in solchen Fällen sogar das Gegenteil bewirkt. Es macht mich nämlich sauer, wenn ich am 24. Dezember 400 Massenmails mit dem gleichen Text und unpersönlicher Anrede (eigentlich würde ich es lieber schon SPAM-Mails nennen) bekomme.

Inwieweit Sie provokant sein können und wollen, müssen Sie selbst entscheiden. Einer schickte mir zu Weihnachten eine Osterkarte und schrieb: *„Alles Gute zu Weihnachten, aber Weihnachtskarten schickt jeder, daher frohes Fest."* Ich fand es super, witzig und einfallsreich, aber da müssen Sie einfach Ihre Zielgruppe kennen, und vor allem muss es zu Ihnen selbst passen. Zu der Person aus diesem Beispiel hat es gepasst, da er eh schon so ein verwirrter, verrückter Künstler ist ...

Einer schrieb mir zu Ostern eine SMS: *„Ich wünsche Ihnen und Ihrer Familie ein frohes Fest und dicke Eier."* Das Verrückte daran war nur, dass dieser Mann einer der angesagtesten Manager in Deutschland ist. Stets vorbildlich, gut gekleidet, und man würde meinen, er ist unter Knigge groß geworden. Und dann kommt so etwas. Aber auch hier finde ich das einfach genial und innovativ.

„Er hat sich mit dieser Aktion richtig in mein Gehirn eingebrannt ... Das Bild hängt heute noch in gedruckter Form über meinem Schreibtisch."

2.7. Der sechste Impuls – Aufmerksamkeiten

Senden Sie immer wieder Aufmerksamkeiten.
Die verrückteste Geschichte hierzu erlebte ich auf einem unserer Seminare.

Ich erklärte gerade den Punkt Kontaktmanagement und wie wichtig Aufmerksamkeiten sind. In der Pause bin ich wieder an meinen Laptop gegangen, da hatte ich gerade eine E-Mail von einem Seminarteilnehmer bekommen, der mir diese mitten in meiner Stunde geschickt hat.
Und zwar habe ich in dem Seminar zwei Stunden davor erzählt, dass der neue Audi S5 mein Traumwagen sei und dass ich gehört habe, es solle den bald als Cabriolet geben. In der E-Mail des Seminarteilnehmers war nun ein Bild von dem neuen Modell als Cabrio-Version. Das Bild hängt heute noch in gedruckter Form über meinem Schreibtisch.

Diese Geschichte erzähle ich in jedem Seminar, und immer wenn das Wort Finanzberater fällt, muss ich an diesen Menschen mit seiner knallroten Krawatte denken. Er hat sich mit dieser Aktion richtig in mein Gehirn eingebrannt.

Ich lese jeden Tag Online-Nachrichten und -Magazine. Nach jedem Artikel schaue ich in mein Outlook und gebe nun in die Such-Funktion das Stichwort des Artikels ein, zum Beispiel „neues 3D Kino wird gebaut". Auf das Stichwort „Kino", spuckt es mir nun alle in meinem Netzwerk aus, die als Hobby Kino stehen haben. Jetzt schicke ich diesen Artikel an alle, mit derselben kurzen Nachricht, ändere aber jedes Mal den Namen ab.

Hallo XY;
das habe ich gerade in der Zeitung gelesen,
da musste ich an dich denken.

Viele Grüße
Rainer

Es bieten sich ständig Tausende von Möglichkeiten, den Menschen Aufmerksamkeiten zukommen zu lassen.
Wie heißt es so schön? Kleine Geschenke erhalten die Freundschaft. Es gibt mittlerweile so viele 1-Euro-Läden, wo Sie massig witzige und lustige Geschenke kaufen können. Denken Sie immer daran – es geht nicht darum, was Sie schenken, sondern darum, dass Sie an den anderen denken.

Ich habe mir bei jeder Person immer noch zwei Spalten im Outlook eingefügt. Diese sind: „bietet" und „sucht".
Ich schreibe bei jeder Person hinter dieses Feld, wie ich ihr einen Gefallen tun kann, aber auch, wozu mir diese Person einmal nützlich sein kann bzw. wo sie mir mal weiter helfen könnte. Ich schaue nun jeden Abend über die Suchfunktion (einfach Stichwort-Suche im Outlook) in der Datenbank, ob ich Leute kenne, die genau das suchen oder finden wollen, was die Person bieten kann, die ich heute im Gespräch hatte. So kann ich Menschen zusammen bringen und für beide Situationen Win-Win-Situationen erzeugen. Nicht selten kommt es dann vor, dass mir Menschen auch mal gern einen Gefallen tun oder mir behilflich sind.

„Je öfter Sie an andere denken, desto mehr tun Sie auch für sich selbst!"

Rainer von Massenbach – REKRU-TIER

„Somit waren auf diesen Grillpartys teilweise bis zu 50 Leute, obwohl wir nur zu dritt gerade mal 10 Leute eingeladen hatten."

2.8. Der siebte Impuls –
Events und Veranstaltungen

Laden Sie zu Events ein!

Ich nutze jede Gelegenheit, Menschen zusammen zu bringen und Veranstaltungen zu organisieren. Als ich noch in der Versicherungsbranche tätig war, war mein liebstes Tool die Grillparty. Diese sind nach einiger Zeit legendär geworden. Das lief immer folgendermaßen ab: Ich habe 100 Euro investiert und einmalig 50 Euro für einen Grill. Für die 100 Euro habe ich soviel Würste, Fleisch und Säcke voll Semmeln wie möglich gekauft. Dann habe ich immer zehn Leute aus meinem Netzwerk angerufen und gesagt:

„Hallo, wir haben schon so lange nichts mehr voneinander gehört, ich würde dich gern auf meine Grillparty morgen Abend einladen. Wenn du willst, kannst du auch noch ein paar Freunde mitbringen. Ich würde mich freuen, wenn du auch noch was zu trinken mitbringst, weil wir allein nicht so viel zum See hinbringen können."

Den Grill habe ich immer an einem See oder an der Isar in München aufgestellt. Die zehn Leute, die ich angerufen habe, haben sich meistens riesig gefreut, weil ich an sie gedacht und sie sogar eingeladen habe. Zudem haben die meisten immer ein bis zwei Freunde oder Mädels mitgebracht. Später habe ich dann noch ein paar Mitarbeiter zur Verstärkung aus meinem Team dazu genommen. Somit waren auf diesen Grillpartys teilweise bis zu 50 Leute, obwohl wir nur zu dritt gerade mal 10 Leute eingeladen hatten.
Es gibt keinen besseren Moment, als wenn Sie mit einem Menschen ein lockeres Bierchen trinken, übers Leben philosophieren, um dann noch ein bisschen Ihr Network-Geschäft mit einfließen zu lassen...

Eine andere Möglichkeit wäre, dass Sie Ihr eigenes Kontaktnetzwerk gründen. Ich habe im Alter von 24 Jahren einen sogenannten „Business-Stammtisch" gegründet. Hierzu habe ich beim ersten Mal zehn Leute aus meinem Netzwerk eingeladen, die alle aus den unterschiedlichsten Branchen waren. An dem Abend habe ich den Leuten erklärt, dass wir ja alle beruflich weiterkommen wollen

„Nach mehreren Wochen sind wir eine eingeschworene Gemeinde geworden."

und wir uns daher gegenseitig unterstützen sollten. Die Kombination von gegenseitigem Erfahrungsaustausch, sich untereinander Kontakte zuzuspielen und dabei noch ein Bier zu trinken, fanden alle klasse. Außerdem haben wir die Entscheidung getroffen, dass jeder immer Freunde mitbringen darf, aber aus jeder Branche darf nur eine Person vertreten sein.

Nach mehreren Wochen sind wir eine eingeschworene Gemeinde geworden. Wenn jemand tagsüber nach einer Branche gefragt wurde, ging immer die erste Empfehlung an ein Businessstammtisch-Mitglied. Also wenn jemand einen Steuerberater gesucht hat, habe ich immer gesagt, da musst du zum Tobias, bei einer Suche nach einem Grafiker, da musst du zum Phuong Herzer (auch heute noch unser hochgeschätzter Designer) gehen etc. Und genauso ging es mir auch mit Versicherungen ...

„Viele sind teilweise davon abgeschreckt, wenn ich ihnen was von 4000 Kontakten erzähle."

3. Anmerkungen

Denken Sie immer daran:

„Zuerst stimmt die Chemie, dann stimmen die Zahlen."

Mit diesen Techniken schaffen Sie es, die Menschen an sich zu binden, noch bevor Sie geschäftlich miteinander zu tun haben. Irgendwann wird der richtige Zeitpunkt kommen, in denen die Menschen für Ihre Sache aufmerksam sind. Oft habe ich es erlebt, jemanden nicht rekrutieren zu können. Durch meine Techniken jedoch bin ich immer an den Menschen drangeblieben, bis irgendwann plötzlich mal ein Anruf kam:

„Sag mal, machst du das noch mit den Versicherungen? Bei mir hat sich da was ergeben, ich bräuchte da was." oder *„Ist diese Stelle noch frei, die du mir früher mal angeboten hast? Mein Chef hat mich rausgeworfen und ich bin auf Suche."* etc.

Ich erinnere mich gern zurück an einen alten Bekannten, der zwei Jahre nach seinem Rekrutierungsgespräch bei mir angerufen hat. Er war nach seiner Ausbildung nicht übernommen worden und brauchte nun dringend einen neuen Job. Leider hatte diese Person in meiner Struktur keinen Erfolg, da seine Interessen längerfristig doch in eine andere Richtung gingen. Aber nichts desto trotz habe ich durch ihn viele neue Kunden und sogar richtig gute Freunde kennenlernen dürfen, mit denen ich teilweise noch heute gut zusammen arbeite.

Viele sind teilweise davon abgeschreckt, wenn ich ihnen was von 4000 Kontakten erzähle. Die Angst kann ich ihnen aber nehmen, denn es ist zeitlich gesehen nicht viel, auch ein Netzwerk in dieser Größenordnung zu managen. Wenn Sie sich täglich eine Stunde Zeit nehmen, können Sie Ihr Netzwerk perfekt ausbauen und erhalten. Und mit einer Stunde am Tag können Sie sogar richtig viel erreichen.

Was die Menge betrifft, möchte ich Ihnen meinen ersten Kontakt zu Network Marketing beschreiben. Eine Geschichte möchte ich

Ihnen noch mit auf den Weg geben, da sie mein Leben und meine Art und Weise, Geschäfte zu machen, sehr geprägt hat:

Es war ein Abend, der alles veränderte. Im Alter von gerade frischen 18 Jahren machten sich mein bester Freund und ich auf den Weg zu einer Geburtstagsfeier, auf die wir nicht eingeladen waren. Wir liebten es, uneingeladen auf Partys zu erscheinen, denn diese wurden meistens die besten, wie sich auch an diesem Abend herausstellen würde.

Als wir aus dem Zug ausgestiegen sind, fanden wir rein zufällig zwei ältere Fahrräder, die uns den Weg zu dem drei Kilometer entfernten Haus erleichterten.

Kurz vor dem Erreichen des Einfamilienhauses, in dem die Party stattfand, sah ich schon etwas schwarzes Böses in den letzten Sonnenstrahlen der Abendsonne blitzen. Da stand er! Ein schwarzer 3er BMW! ... und dann auch noch das allerneueste Modell. Genauso hatte ich ihn mir in meinen Träumen immer vorgestellt. Das schwarze Metallic-Outfit zog mich magisch an und lud mich ein, auf den gelben Ledersitzen Platz zu nehmen. Eine irre Farbkombination für eine 300-PS-Waffe.

Das erste, was ich beim Betreten des Hauses noch vor der Begrüßung des Gastgebers ausfindig machen wollte, war der Besitzer dieses Autos. Ein Bier, das ich mir auf dem Weg von der Haustür bis zur Terrassentür genehmigte, gab mir den Mut, laut in den Garten zu rufen, wem das schwarze Prachtexemplar gehöre. Ein kleinerer, sagen wir leicht übergewichtiger Mann gab sich als Besitzer zu erkennen, woraufhin wir ins Gespräch kamen. Den Höhepunkt meiner Fassungslosigkeit erreichte ich, als er mir offenbarte, gerade 21 Jahre alt geworden zu sein und sich diesen Traumwagen selbst erarbeitet zu haben.

Natürlich ließ weder er es sich nehmen mir das Prachtstück vorzuführen, noch ich, es zu bewundern. Die kleine Vorführfahrt konnte ich natürlich nicht ausschlagen - ich war noch nie zuvor in einem

Auto mit Ledersitzen gesessen. Dann steckte er den Schlüssel in das Zündschloss und startete den Motor. Erst langsam um die Kurven, dann immer schneller, bis wir endlich die rote Ampel erreichten, die uns zum Anhalten zwang. Im tiefsten Innersten ahnte ich schon, was nun kommen würde. Vollstart auf 100 km/h. Ich weiß nicht, was schöner war, die Beschleunigung, die mich in den Sitz presste oder das atemberaubende Heulen des Motors.

Wie in Trance genoss ich dieses Erlebnis. Aber es sollte noch besser kommen. Den Gipfel meiner positivsten Gefühle erreichte ich, als er mir den Schlüssel in die Hand drückte und sagte: *„Jetzt darfst du mal 'ne kleine Runde drehen."*

Als ich mich wieder ein wenig von der Spritztour erholt hatte, quetschte ich ihn darüber aus, wie man so etwas schon in jungen Jahren erreichen könne. Er erklärte mir, dass er was im Finanzbereich mache und dass er dieses Geschäft neben dem Abitur aufgebaut habe. Er sprach von irgendwelchen Firmen und dass er 200 Mitarbeiter habe. Eigentlich habe ich kein Wort von dem, was er sagte, verstanden, außer dass er viele Mitarbeiter hat. Zusätzlich erwähnte er noch, er würde den BMW jetzt in zwei Wochen seinem Vater zum Vatertag schenken, denn er habe sich den neuen Porsche Turbo bestellt. Auf die Frage, was sein größtes Ziel sei, sagte er: *„Ich werde mit 25 Jahren mein erstes eigenes Flugzeug haben."*

Mein erster Kontakt zu Strukturvertrieb/MLM war der zu einem absoluten Voll-Profi. Allerdings war mir damals noch nicht klar, was der Typ macht. Er hat auch nicht einmal versucht, mich für sein Geschäft zu gewinnen. Ich habe ihm sogar eine E-Mail geschrieben, ob ich bei ihm einen Job bekommen könnte nach meinem Abitur. Er hat einfach nicht geantwortet. Wahrscheinlich war ich nicht der Richtige für sein Team ...
Fakt ist, dass mir diese Begegnung nie wieder aus dem Kopf gegangen ist. Immer wenn ich mal demotiviert war, weil es mit meinen Zielen nicht vorwärts ging oder ich Rückschläge hatte, musste ich an Florian denken und was der in so jungen Jahren schon erreicht hatte. Auf einmal war ich wieder motiviert.

„Solange er dieses Tagesziel nicht erfüllt hat, darf er nicht nach Hause gehen."

Etwa drei Jahre später, als ich einigermaßen das Abenteuer Strukturvertrieb durchschaute und meine ersten Erfolge zu verzeichnen hatte, fasste ich mir ein Herz und rief Florian wieder an. Er erzählte mir, dass er die Firma gewechselt habe und wir uns treffen sollten. Bei dem Treffen verstand ich endlich, dass er auch im Strukturvertrieb in der Finanzwelt war und so löste sich nun für mich ein kleines Geheimnis. Aber nicht nur ich, auch Florian hatte sich weiterentwickelt. Er sagte nach unseren Gespräch in seinem Büro: *„Lass uns was essen gehen."* Das war der Augenblick, als ich sein neues Auto kennen lernen durfte, was mir noch mehr die Sprache verschlug. Er war umgestiegen auf einen Ferrari Scaglietti. Ein Auto, das knapp eine viertel Million Euro kostet.

Als wir beim Essen saßen, fragte ich ihn nach seinem Erfolgsgeheimnis. Hierauf erklärte er mir die Methode mit den zehn Münzen. Er hat jeden Tag zehn Ein-Cent-Stück in seiner rechten Jackettasche und für jeden Kontakt, den er macht, bzw. für jedem neuen Menschen, mit dem er über sein Geschäft spricht, darf er eine Münze von der rechten in die linke Tasche tun. Solange er dieses Tagesziel nicht erfüllt hat, darf er nicht nach Hause gehen. Es folgten in den nächsten zwei Stunden noch mehr Dinge, die mich absolut aus der Bahn warfen. Angefangen von der Stadtrundfahrt und den Blicken, die wir von den Menschen zugeworfen bekamen (wie oft sieht man schon zwei Typen Anfang 20 in einem solchen Luxuswagen), zeigte er mir seine ganzen Immobilien, die er mal noch so nebenbei vermietet. Ich habe noch nie zuvor einen Whirlpool in einer Privatwohnung gesehen, in den acht Leute reinpassen. Ich glaube, ich kam mir in seiner Privatwohnung vor, als wäre ich gerade in der Playboy Villa gelandet.

Der krönende Abschluss war, als er mir noch seine Halskette zeigte. Hier hatte er sich als Anhänger ein Ferrari-Logo aus Gold gießen lassen. Er sagte mir: *„Ich will immer 100.000 Euro in Goldwert bei mir haben, dass, egal was mir im Leben passiert, egal in welchem Land ich abgeworfen werde, ich immer soviel dabei habe, dass ich sofort ein neues Geschäft aus dem Boden stampfen könnte."*

„Es gibt kein Problem im Network Marketing, das Sie nicht durch neue Geschäftspartner lösen könnten!"

Diese beiden Erlebnisse haben mich fasziniert, und sie haben die Zehn-Mal-Formel in mir geprägt, die auch heute noch mein Erfolgsgeheimnis ist. Egal welche Selbstständigkeit Sie aufbauen, sorgen Sie dafür, dass Sie jeden Tag zehn Menschen von Ihrer Idee, Ihrem Geschäft und von sich erzählen. Egal ob Sie im Network Marketing, ob Sie Autor, Einzelhändler oder Friseur sind, sprechen Sie jeden Tag mit zehn unbekannten Menschen über Ihr Geschäft. Egal wie Sie sich anstellen, sie werden am Erfolg nicht vorbeikommen. Bei zehn Gesprächen am Tag sind immer längerfristig die Leute dabei, die zu Ihnen und Ihrem Geschäft passen bzw. Ihre Kunden werden wollen. Seit ich das gelernt habe, war aller Frust vorbei. Denn es gab nichts mehr zu jammern. Immer wenn irgendetwas nicht funktionierte, habe ich mich selber dabei ertappt, dass ich einfach nicht die zehn neuen Kontakte am Tag gemacht habe.

„Es gibt kein Problem im Network Marketing, das Sie nicht durch neue Geschäftspartner lösen könnten!"

Jeder verwaltet gern seinen Erfolg und lehnt sich auch zurück. Das jedoch ist der Tod des Wachstums. Machen Sie immer weiter, täglich zehn neue Menschen kennenzulernen. Wenn Sie mit der Zeit Routine habe und Profi geworden sind, erledigen Sie diese Arbeit in ein bis zwei Stunden am Tag.

Ich selbst mache jeden Tag immer noch meine zehn Kontakte, und ich werde es auch in den nächsten Jahren immer tun, denn das ist es, was mich an die Spitze bringt.

Wenn Sie diese auf den ersten Blick große, aber nach einiger Zeit kleine Aufgabe täglich machen, können Sie sich ja ausrechnen, wie viele Menschen Sie nach einem Jahr kennen gelernt haben. Und jetzt denken Sie daran, wie sehr die Anzahl Ihrer Datensätze im Outlook dann wächst. Von zehn Menschen, mit denen ich über mein Geschäft spreche, wollen drei nichts davon hören, drei sind passiv und vier sind interessiert. Bleiben Sie genau an den vier Interessierten mit dem 7-Impulsplan dran.

Mein Prinzip war immer:
Täglich drei Kontakte für die schnelle Kohle und drei fürs große Geschäft. Das heißt, wie oben beschrieben: Bei zehn Kontakten ergeben sich immer laut Gesetz der Wahrscheinlichkeit etwa drei bis vier gute Gespräche. Die sind für mich immer da gewesen und schnell zu sponsern und schnell Geld zu verdienen.

Zudem habe ich mich immer mit drei Menschen aus meinem Netzwerk getroffen oder mit denen telefoniert, die nicht zu dem schnellen Geschäft passen. Wenn Sie High Potentials (Leute die schon viel im Leben erreicht haben, sei es finanziell, gesellschaftlich oder sozial) gewinnen wollen, werden Sie diese nie sofort über ein schnelles Gespräch gewinnen.

Diese Leute wollen erst wissen, wer Sie sind, wer hinter Ihnen steckt, bevor sie mal eben schnell etwas kaufen. Das Vertrauen und die Nachhaltigkeit muss hier als Basis gewährleistet sein. Jemand, der aus dem „gröbsten raus" ist im Leben, hat es nicht nötig, schnell irgendwo einzusteigen oder einfach mitzumachen. Diese Leute können und wollen abwarten, ob Sie es auch ernst meinen und ob Sie Ahnung haben von dem, was Sie tun.

Rechnen Sie sich das einmal aus: Wenn Sie drei Gespräche täglich für das „schnelle Geld" führen (Für die meisten würde dies schon reichen, um ein tolles Wachstum zu erzielen..). Zudem führen Sie drei Gesprächen täglich mit den High Potentials, bei denen es Ihnen egal sein muss, ob sich ein Geschäft ergibt. Dort quatschen Sie über´s Leben, hören zu und erweisen Gefallen. Alles ganz easy und ohne jeglichen Druck. Drei solcher Gespräche sind 15 in der Woche und ca. 600 im Jahr. Wenn Sie nun von 40 Wochen ausgehen (Sie machen schließlich ja auch mal Urlaub), was denken Sie, was langfristig dabei rauskommt? Wenn Sie jedes Jahr mit 600 Menschen nur Networken?

Ohne viel zu versprechen - probieren Sie es einfach mal aus.

Es ist meine Wunschvorstellung, dass MLMer in der Zukunft richtig professionell werden. Wenn ich ein MLM-Business langsam und nachhaltig angehe und meinen Fokus auf die nächsten drei Jahre richte, wird es zum Erfolg führen. Die meisten klassischen Unternehmen werden gegründet und kommen erst nach drei Jahren in die Gewinnzone. Versuchen Sie doch auch, mal so über ein MLM-Business nachzudenken.

Die meisten Networker rennen hoch begeistert los, hauen alles um, was nicht bei drei auf den Bäumen ist und wundern sich dann, wenn nach sechs Wochen weder das Geschäft funktioniert, noch der Freundeskreis mit Ihnen weiterhin etwas zu tun haben will. Wenn ich das Ganze jedoch professionell und nachhaltig angehe und mit meinen Kontakten richtig und stilvoll arbeite, kann nichts schiefgehen.

Mit stilvoll meine ich, keinen Druck auszuüben, freundlich, aber bestimmt und vor allem menschlich zu sein. Wenn ich zu einem Menschen höflich bin und lache, dann kann er sich nicht beschweren. Probieren Sie meine Empfehlung doch einmal aus, sich für das tolle Gespräch zu bedanken, auch wenn er sich gegen Ihr Geschäft entschieden hat. Loben Sie ihn doch einfach mal für seine Entscheidung. Ich bin mir sicher, Sie werden so immer in positiver Erinnerung bleiben, und ...

„Bekanntlich sieht man sich immer zweimal im Leben..."

Wir zeigen Ihnen, wie Sie **durch Direktkontakt immer und überall mit Spaß und Niveau neue Vertriebspartner** für Ihr MLM/ Strukturvertriebsgeschäft **gewinnen!**

Direktkontakt ist die Fähigkeit, Menschen im öffentlichen Leben anzusprechen und innerhalb kürzester Zeit eine so vertrauensvolle Basis aufzubauen, dass der Angesprochene Ihnen seine Kontaktdaten aushändigt und sich für eine aktive Zusammenarbeit mit Ihrem Network interessiert.

Registrieren Sie sich kostenlos bei **www.rekrutier.de** und erhalten Sie:

- GRATIS: ein 90-minütiges Video zum Thema „Wie Sie Ihre Kontaktangst für immer verlieren und zum Kontaktprofi werden"

- GRATIS: 99 Sponsortipps! Alle 3 Tage einen Tipp, wie Sie an neue Geschäftspartner kommen

- GRATIS: Film: „Die Chance – Das Leben mit Network-Marketing"

- jede Woche viele neue Tipps und Videos in Ihrem internen Bereich

www.rekrutier.de

Rekru-Tier

„Sie treffen mit Ihren Buch- und Seminarinhalten den berühmten ‚Nagel auf den Kopf'."

„Ich bin nun seit 30 Jahren aktiv im Vertrieb, Marketing und im Sales-Management vieler internationaler Großkonzerne und habe schon viele Seminare erlebt. Was aber Sie geliefert haben, hat in puncto Praxisbezug, Authentizität und Realität meine Erwartungen bei Weitem übertroffen."

„Man hat Ihnen in jeder Sekunde Ihr Engagement und Ihren Spaß angemerkt, was den Tag noch lebhafter und interessanter machte."

„Ein klasse Seminar. So viele tolle Beispiele und ‚gelebte' Erfahrungen."

„Was ihr beide da auf die Füße gestellt habt, ist der beste Beweis dafür, dass es nix Größeres gibt als eine Idee, deren Zeit gekommen ist."

(Kundenstimmen zu **REKRU-TIER)**

www.rekrutier.de

Die geschäftliche Arbeit immer weiter **professionalisieren,** das eigene Network **kontinuierlich wachsen lassen, Monat für Monat:**

Das schaffen Sie spielend leicht **mit unserem Programm „Rekru-Tier Inside".**

Das bekommen Sie:

- jeden Monat den topaktuellen, ca. 20-seitigen „REKRU-TIER Inside"-Report mit brandheißen Techniken, Tools und den ultimativen Profitipps für Sie. Leicht umsetzbar, verständlich und hocheffektiv!

- jeden Monat ein exklusives Webinar zu einem Spezialthema, persönlich durchgeführt von einem anerkannten Top-Experten

- besonderen Support, Unterstützung und Zusatztools für Sie

Weitere spezielle Angebote und Aktionen nur für Mitglieder:

- eine Fülle von weiteren wertvollen, sofort umsetzbaren Tipps und Techniken, die Ihr Network-Marketing extrem wachsen lassen

- zahlreiche „Make Money"-Strategien zur Maximierung Ihres persönlichen Einkommens

- unveröffentlichte Exklusivinterviews mit den Größen der Branche

- ... und vieles, vieles mehr!

Abonnieren Sie unser Programm – **ohne Verpflichtung,** mit jederzeitigem Kündigungsrecht:

www.rekrutier-inside.de

Mal schauen, wie das die Vollprofis machen ...

Rekru-Tier Inside